DAGMAR GASSDORF

Das Zeug zum Schreiben

DAGMAR GASSDORF

Das Zeug zum Schreiben

Eine Sprachschule für Praktiker.
Mit Stilblüten zum Schmunzeln
und Übungen zum Bessermachen.

F.A.Z.-INSTITUT
FÜR MANAGEMENT-, MARKT- UND MEDIENINFORMATIONEN GMBH

Die Deutsche Bibliothek – CIP-Einheitsaufnahme

Dagmar Gaßdorf

Das Zeug zum Schreiben

Eine Sprachschule für Praktiker.
Mit Stilblüten zum Schmunzeln und Übungen
zum Bessermachen.

F.A.Z.-Institut für Management-,
Markt- und Medieninformationen,
3. Auflage
Frankfurt am Main: 2001

ISBN 3-927282-46-4

Umschlaggestaltung xplicit Gesellschaft für visuelle Kommunikation, Frankfurt am Main

Druck Druckhaus Beltz, Hemsbach

Printed in Germany

Einführung

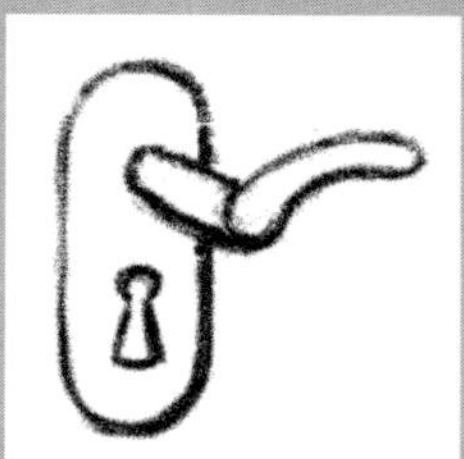

Für wen dieses Buch gedacht ist

Lokaler Aufmacher: „Rüssel-Reform“ sorgt für Tante-Emma-Effekt. Wie bitte? Wer sorgt da für wen? – Kurzmeldung auf Seite 1: Jeder Dritte vergißt seine Geheimzahl bei der Bank. Und da liegt sie nun? – Bildunterschrift: Auf Spitzenniveau hat sich eine Menge von Arzneimitteln im Müll eingependelt. Wer hat wo gependelt?

Mit solchen und ähnlich unverständlichen, ungelenken und teilweise unfreiwillig komischen Formulierungen werden die Leser deutscher Tageszeitungen täglich traktiert. Ungefiltert übernommene, langweilige Verlautbarungstexte aus Nachrichtenagenturen und Pressestellen sind ein weiteres tägliches Ärgernis. Ist dann bei zeitungsunfreundlicher Nachrichtenlage auch noch der Neuigkeitswert weiter Teile eines Blattes gering, darf man sich nicht wundern, wenn die Lust an der Zeitung in Frust umschlägt.

Das vorliegende Buch gibt sich nicht damit zufrieden, die verbreiteten Fehler und Marotten aufzuzeigen, sondern stellt Techniken vor, mit deren Hilfe man gut, klar und verständlich schreibt – und dies auch unter Zeitdruck.

Die geschilderten Techniken sind nicht nur für Journalisten nützlich, sondern für alle, die mit geschriebener Sprache ihr Publikum wirkungsvoll erreichen wollen. Und die ebenfalls in diesem Buch enthaltenen, ursprünglich für ein Seminar entwickelten Übungen machen sicher auch anderen in der Sprachpflege Engagierten Spaß.

Die Autorin Dagmar Gaßdorf ist Geschäftsführerin einer unter anderem für Printmedien tätigen Kommunikationsagentur und Autorin mehrerer Bücher zum Themenkomplex Zeitungsmarketing. Sie hat ein realitätsnahes sprachdidaktisches Konzept geschaffen, das durch die Auswahl der Beispiele zugleich recht unterhaltsam geraten ist.

Wir wünschen viel Vergnügen!

„Rüssel-Reform" sorgt für Tante-Emma-Effekt

Freie Tankstellen: Investieren oder schließen

Der Abrißantrag ist gestellt. Das Ende dieses Jahres bedeutet für Michael Kellermann gleichzeitig das Ende seiner sechsjährigen Tätigkeit als Tankwart. Die Station an der – eine der letzten freien Tankstellen in – kapituliert trotz guten Umsatzes vor einem neuen Gesetz: Diese Vorschrift sieht unter anderem eine Umrüstung der Zapfanlagen vor, schädliche Dämpfe dürfen nicht mehr in die Umwelt entweichen. Wenn im Januar diese neue Regelung in Kraft tritt, werden Investitionen nötig, die sich Privatunternehmer kaum leisten können. Der Bund freier Tankstellen geht davon aus, daß über die Hälfte der „Freien" schließen muß.

Gemeint ist: **1** *Die Umrüstung der Zapfanlagen auf „Saugrüssel" ist so teuer, daß viele private Tankstellen schließen müssen – wie seinerzeit die Tante Emma-Läden. Unzweifelhaft zu viel an Information für eine kurze Schlagzeile. Weniger wäre hier mehr; etwa: Umrüstung von Zapfanlagen kommt Tankstellen teuer.*

Jeder Dritte vergißt seine Geheimzahl bei der Bank

Frankfurt. Jeder dritte Eurocheque-Karteninhaber kennt seine Geheimzahl nicht. Das sind immerhin 10 Millionen Bankkunden. Mit 66 Prozent kennen nur rund 20 Millionen von insgesamt derzeit 30 Millionen Karteninhabern dieses „Sesam-öffne-dich" zu ihrem Konto. Laut einer repräsentativen Verbraucherbefragung, mit der die Gesellschaft für Zahlungssysteme (GZS) das Verhältnis von Eurocheque-Karteninhabern zu ihrer Geheimzahl untersucht hat, nutzen 62 Prozent diesen Weg der Geldbeschaffung.

AUF SPITZEN-NIVEAU hat sich eine Menge an Arzeneimitteln im Müll eingependelt. Auf dem Recyclinghof werden die verlorenen Milionenwerte gesammelt. Unser Bild zeigt den Leiter des Recyclinghofes, Hering.

2 *Komik durch Doppeldeutigkeit – das sollte man der Glosse vorbehalten.*

3 *Die Bildunterschrift will nichts weiter besagen als Im Müll findet man viele Arzneimittel.*

Unfreiwillige Komik

Der Journalist
in der Bütt

Aus dem Kölner Karneval erinnere ich mich an einen Büttenredner, der sich „Der singende Werber“ nannte und die Leute mit Zitaten aus der Werbung zum Lachen brachte, darunter dieses aus dem Prospekt eines mitgliedersuchenden Schützenvereins: Lernen Sie schießen und treffen Sie Freunde! Im Gürzenich hatten sie ihren Spaß.

Sie wären gern dabei gewesen? – Seien Sie nicht traurig: Es gibt ja die deutschen Zeitungen; da steigen fast täglich Schreiber in die Bütt. Kostproben gefällig?

Keine Namen

Moment. Bevor wir das tun, müssen wir eines klarstellen. Es geht in diesem Buch nicht darum, bestimmte Zeitungen oder gar Journalisten der Lächerlichkeit preiszugeben. Darum nennen wir bewußt keine Namen und haben uns sogar bemüht, sie unkenntlich zu machen, wo sie in einem Zeitungsausriß gedruckt auftauchen.

Dennoch ist natürlich nicht auszuschließen, daß der Kenner der deutschen Zeitungsszene den einen oder anderen Titel am Schriftbild und an der Gestaltung erkennt. Darum sei eines klipp und klar gesagt:

Sprachschludereien kommen weder nur in bestimmten Titeln vor, noch sind die überregionalen in diesem Punkt „besser“ als die regionalen oder lokalen; sie sind bestenfalls anders. Zugegeben: Eine Überschrift wie Synergiepotentiale nach einer Übernahme auszuschöpfen ist ein schönes Planspiel werden Sie kaum in Ihrem Lokalblatt finden; aber sie ist ja auf ihre Art auch nicht besser als Viele Deutsche sind zu

Manager der Woche

„Die Auschöpfung von Synergiepotentialen ist ein schönes Planspiel“, weiß Per Knuts. Der 54jährige Vorstandsvorsitzende der Stora Feldmühle AG hat die harfe Aufgabe übernommen, Schweden und Deutsche auf einen Kurs zu bringen: Synergiemanagement in einer altmodischen, hierarchischen Organisationsstruktur. Seite K 2

4 **5** *Gemeint ist: Per Knuts will deutsches und schwedisches Management gewinnbringend koordinieren.*

Manager der Woche: Per Knuts muß deutsche und schwedische Manager auf einen Kurs bringen

„Synergiepotentiale nach einer Übernahme auszuschöpfen ist ein schönes Planspiel“

dick oder oft auch zu dünn auf der Titelseite der regionalen Abonnementszeitung.

Es ist übrigens nicht selten, daß solche unglücklichen Schöpfungen wie die vom schönen Planspiel des Ausschöpfens der Synergiepotentiale in einer Zeitung gleich doppelt auftauchen: auf der Titelseite in der Ankündigung des Beitrags (Abbildung 4) und noch einmal im Innern (5). Das ist dann doppelte Strafe für den Leser: Zum Ärgernis gesellt sich die Langeweile.

Keine Diskriminierung also bitte, sondern Vergnügen oder Entsetzen bei den Fundstücken auf dieser und den folgenden Seiten!

Viele Deutsche sind zu dick oder oft auch zu dünn

30 Prozent der Deutschen sind zu dick, 20 Prozent der Frauen und sieben Prozent der Männer haben dagegen Untergewicht. Vor allem bei Bundesbürgern über 65 wird Untergewicht immer häufiger. Das geht aus dem „Ernährungsbericht 1992“ hervor. Die Verfasser des Berichts raten, wieder mehr Kartoffeln zu essen und – wegen der Calciumversorgung – mehr fettarme Milch zu trinken. Unterversorgt seien die Bundesbürger nach wie vor mit Jod.

2200 Jahre altes Mädchen in antikem Grab entdeckt

ATHEN (dpa)
Das unversehrte Felsengrab

6 *Das Mädchen ist vielleicht nur 20 geworden; seine Mumie 2.200 Jahre.*

7 *Wenn eine so alte Wohnungsnot kein Anlaß zum Feiern ist!*

8 *Gemeint ist: Es gibt keineswegs nur übergewichtige Deutsche, sondern auch – und zunehmend – untergewichtige. Eine solche differenzierte Botschaft ist aber für eine knappe Überschrift zu einem so kurzen Beitrag zu viel. Da hilft nur Reduktion auf den Kern:*
Ein Drittel der Deutschen zu dick,
ein Zehntel zu dünn.
Mit einer solchen Aussage kann auch der flüchtige Leser etwas anfangen. Da wird die Rundung der Werte gern verziehen. Wer es genauer wissen will, kann ja in den Text hineinlesen. Und ist nicht dies die Funktion der Schlagzeile: Schnelle Information und Lust machen auf mehr?

Schon vor 100 Jahren gab es Wohnungsnot

Jubiläum der Eisenbahner-Wohnungsgenossenschaft

Stadt wollte Nackten in die Tasche greifen

20 % Vergnügungssteuer – Stripper sagten ab

9 *Im Seminar meinten einige, hier habe vielleicht jemand bewußt komisch sein wollen. Zu vermuten ist jedoch eher, daß hier wieder einmal die abgegriffene Wendung vom „in die Tasche greifen" bemüht wurde, die überall auftaucht, wo eine Obrigkeit von jemandem Geld haben will, meistens in der Erscheinungsform Der Staat will den Bürgern in die Tasche greifen. Der damit unterstellte Diebstahl hat noch kaum einen Journalisten gestört.*

Sterbehilfe für Landwirte

In Zurstraße starke Kritik an Beihilfe-Programm der EG

10 *Die Betriebe sollen sterben, nicht die Betreiber.*

Die FDP hat ihren inneren Frieden wieder – zumindest äußerlich

Lambsdorff: Wir sollten uns nicht spalten lassen / Genscher äußert Unmut

11 *Aus dem Artikel ging leider nicht hervor, an welchen äußeren Merkmalen der Redakteur den inneren Frieden der Partei erkannt hat.*

Nichtraucher werden bei der Einstellung bevorzugt

Aber auch unter ihnen viele Krebs- und Kreislauftote

12 *Das hätte eine andere Aufmachung verdient: die Sensation, daß Nichtraucher selbst tot noch eingestellt werden!*

Baum des Jahres 1994:

Thüringen ist reich an Eiben

31 586 Eiben stehen in Thüringen. Damit trage Thüringen besondere Verantwortung für den Nadelbaum, werde sein Vorkommen in den alten Ländern doch gerade noch auf 20 000 Exemplare geschätzt, erklärte Landwirtschaftsminister Volker Sklenar (CDU) gestern im Naturschutzgebiet Veronikaberg bei Ilmenau. Weitere Vorkommen des auch aus der Märchenwelt bekannten Baumes sind das Eichsfeld, die Rhön und die Region um Rudolstadt. Thüringens Forstleute sorgen sich um den von den Kelten als heilig verehrten Baum des Jahres 1994. Ein Landes-Eibenprogramm soll die Bestände schützen und eine Nachzucht ermöglichen.

3 *Es ist schon bemerkenswert, wie e Kelten den „Baum des Jahres 94" als heilig verehrt haben!*

14 *Wie eine so stille Wahrheit doch zum Schreien komisch sein kann!*

Stille Wahrheit: Eva Zeller wird 70

– Sie gehört zu den stillen Zuverlässigen im Lande, die aus Erleben und Erinnerung keine dramatischen Szenarios erfinden und sie sprachlich verfremdet verkaufen, sondern aus schlichten Wahrheiten die Beschaffenheit der Zeitläufte erkennbar machen. Kein Wunder, daß viele ihrer Bücher autobiographisch unterlegt sind, vom Roman „Lampenfieber", ihrem literarischen Durchbruch 1974, bis zu „Nein und Amen" 1987, ihrer persönlichen „Bewältigung" der Vergangenheit. Eva Zeller, die heute 70 Jahre alt wird, ist eine auf schöne Weise berechenbare Schriftstellerin, die aber gleichwohl ihren Konflikten – in der Ehe, der Familie, zwischen den Generationen und den Systemen – oft überraschende Aspekte abgewinnt.

Psychisch Gestörter klettert auf Strommast

Die Feuerwehr mußte einen 35 Jahre alten Taubstummen, der an der Ecke Dülfer- und Johann-Emmer-Straße in auf einen 25 Meter hohen Hochspannungsmast geklettert war, wieder herunterholen und in Sicherheit bringen. Der Mann machte den Eindruck eines psychisch Gestörten und war nicht ansprechbar. Er wurde zur Behandlung in eine Klinik gebracht.

140 Europäer teilen sich ein Hospitalbett

Medica 92: Düsseldorf wird größter Hörsaal der Welt

15 *Gemeint war: Auf jeden 140. Europäer kommt ein Hospitalbett.*

16 *Der Taubstumme war erstaunlicherweise nicht ansprechbar.*

Lieblinge mit langen Löffeln

Züchter zeigen Prachtkaninchen

Der Kaninchenzüchter weiß, worauf es ankommt, wenn er bei Wettbewerben seine Tiere dem Urteil der Preisrichter stellt. Gewicht, Körperform, Fell und Sauberkeit entscheiden über die Plazierung des Zuchtkaninchens im vierpfötigen Teilnehmerfeld.

Am Wochenende stellten 42 Züchter aus dem Kreisverband in der Reher Turnhalle aus. Ausrichter der Kreisschau war der Hohenlimburger Kaninchenzuchtverein W 345 „Westfalia", der auch bei der Bewertung durch die Preisrichter gut abschnitt. Dank der Unterstützung durch die Brieftaubenfreunde von „Phönix" und den Frankfurter Meerschweinchenklub bot sich den Besuchern ein lebendiger Querschnitt durch die vom Menschen mitgestaltete Tierwelt. Die Kleintierschau umfaßte allein 140 prächtige Tiere von der Wildtaube bis zum schillernden Exoten.

Das Können im Umgang mit Tieren ist keine Frage des Alters. Großes Können bringen schon die Jungen mit.

Erste Kreismeisterin bei den weißen Tieren wurde Ursula Kohler, Jugendkreismeisterin Stefanie Gräve, Stadtmeister Margret Schwarzelmüller. Landesverbandsmedaillen erhielten :Theodor Seppelfricke (K 2.2), Margret Schwarzelmüller (K2.4.) und Stefanie Gräve (Jugend) . Seit fünf Jahren züchtet die Zehnjährige prächtige „Graue Wiener".

„Diese Rasse zeichnet sich durch die kurze, walzenförmige Körperform, den dicken Kopf, ein fleischiges Ohr und eine schöne Deck-und Unterfarbe aus," erklärte die erfolgreiche junge Züchterin sachkundig. Das Wissen über die seidigen Tiere mit den langen Löffeln liegt bei Stefanie in der Familie. Durch den Opa und den großen Bruder hat sie ihre Liebe zu den Mümmelmännern entdeckt.

Ihr Steckenpferd, die Kaninchenzucht, steht jedem Interessenten offen. Der Verein tagt an jedem zweiten Samstag im Monat im Weitere Auskünfte erteilt Sascha Knüppel, ☎

17 *Saukomische Nachricht aus dem vierpfötigen Teilnehmerfeld*

Kein Humor?

Manch einer wird jetzt einwenden wollen: Warum so stringent? Hat nicht der Leser ganz gern etwas zu lachen?

Sicherlich; ich weiß noch, wie wir uns am Frühstückstisch über die Einstellungschancen der Nichtraucher amüsiert haben. Doch dieses Vergnügen ist gefährlich: Der Leser, der sich über eine Stilblüte amüsiert, lacht auf Kosten des Schreibers und seiner Zeitung. Der Schreiber schadet ganz klar dem Ansehen seines Blattes.

Das ist besonders schlimm in einer Zeit, in der die kostenlosen Anzeigenblätter sich an vielen Orten redaktionell profilieren. Wenn die Zeitung, für die man bezahlt, *auch* keine bessere Sprache pflegt als das Gratisblatt, dann entfällt ein weiterer Grund für das Abonnement: die Seriosität des Mediums. Denn vom reinen lokalen Nachrichtengehalt her sind Tageszeitung und Anzeigenblatt mancherorts schon nicht mehr weit auseinander; was sie trennt, ist gerade einmal der Erscheinungsrhythmus.

Wer das nicht glaubt, der möge sich die rechts abgebildeten Ausschnitte aus Leserbriefen ansehen, die die Zeitung, meist unter Hinweis auf Konkurrenzmedien, als entbehrlich einstufen. Solche Briefe liegen den Vertriebschefs aller Regionalzeitungen in Fülle vor.

18 *Ausschnitte aus Abbesteller-Briefen, die zu denken geben*

Was ich wissen möchte, steht auch in anderen Ztg. gratis

Aktuelle Informationen bereits über das sogen. „Frühstücks-Fernsehen" und regionale Informationen über Orts-Radiosender genügen uns. Mfg. [illegible]

Die Neuigkeiten, welche in der Zeitung stehn, sieht man am Abend im Fernsehen

Nachrichten habe ich im Fernsehen + Rundfunk genug. Zeitung habe ich seit ½ Jahr nicht gelesen.

Wir beziehen jetzt unsere Informationen aus dem Videotext.

Durch Rundfunk + Fernsehen bin ich schneller informiert und möchte außerdem die riesigen Papierberge in meinem Haushalt vermeiden

Der Praxistip

Wie vermeidet man nun in der Praxis unfreiwillige Komik? Wie läßt sich verhindern, daß die Stadt den Nackten in die Tasche greift? – Ganz einfach: indem man seinen Text *laut* liest. Auf dem Bildschirm oder auf dem Papier sieht man vielen Büttenreden die Narrenkappe nicht an; aber laut gesprochen enttarnen sie sich sofort. Zumindest für Überschriften sollte man den Lauttest niemals scheuen.

Handelt es sich gar um den Aufmacher in einem der Zeitungsteile (wie es bei den Taschen der Nackten übrigens der Fall war), sollte man sich nicht nur selber hören, sondern einen Kollegen ganz kurz um sein Ohr bitten. Der würde dann schon durch seine Reaktion verhindern, daß man sich vor größerem Publikum lächerlich macht.

Hören Sie mal!

Wir werden noch an mehreren Stellen in diesem Buch der Erkenntnis begegnen, daß die gesprochene Sprache das beste Korrektiv der geschriebenen ist. Und es ist auch kein Zufall, daß wir uns für die Merksprüche zu jedem Kapitel der stärksten Gedächtnisstütze bedienen, die die Sprache zu bieten hat: der phonetischen Stütze mit Reim und Rhythmus.

Oder wüßten die Lateiner unter uns heute noch, daß „a und ab, e, ex und de, cum und sine, pro und prae“ mit dem Ablativ stehen, wenn sie es nicht in dieser gebundenen Form gelernt hätten?

Und könnten wir uns an die Akkorde aus dem Musikunterrricht erinnern, wenn wir nicht gelernt hätten: „Es geht hurtig durch Fleiß“ und „Fritz aß Citronen-Eis“?

Hier also der erste aus einer Reihe von Merksprüchen, dieser zum Thema „Unfreiwillige Komik“: Soll der Leser nicht laut lachen, mußt du nur den Hörtest machen. Die Schnörkel-Rahmen um die Merksprüche haben zwei Funktionen: ein Augenzwinkern und Hilfe beim Wiederfinden.

**Soll der Leser
nicht laut lachen,
mußt du nur den
Hörtest machen.**

Zwischenruf

Keine Angst
vor Sprüchen!

! An dieser Stelle ist ein kleiner Einschub erforderlich, bevor wir uns neuen Themen zuwenden. Es könnte ja sein, daß Sie, verehrter Leser, bis zu jener Stelle ganz gern und zustimmend gefolgt sind, wo Ihnen der erste „Merkspruch" präsentiert wurde.

Damit stehen Sie sicherlich nicht allein da. Zunächst einmal haben viele Menschen, die gebildet sind oder sich dafür halten, eine Scheu, sich mit solchen vermeintlich kindischen Sprüchen anzufreunden; rhythmische Hilfen erscheinen ihnen unintellektuell.

Sprache ist Rhythmus

Machen Sie sich von solchen Beklemmungen am besten frei; denn wer es nicht tut, ist zu bedauern: Wer nicht erkennt, daß Sprache, auch geschriebene Sprache, mehr ist als Grammatik, daß sie Rhythmus ist und Melodie, Atem und Klang, der wird es nie lernen, sich mit einer eingängigen Zeile in die Herzen der Leser zu „rocken", und der wird im übrigen auch niemals eine Fremdsprache auch nur halbwegs akzentfrei sprechen und wahrscheinlich immer – was schlimmer sein mag – ein miserabler Tänzer sein.

Solche Menschen hören aus diesen Zeilen wahrscheinlich schon „übelsten" Boulevard-Journalismus vom Typus „Bumm, bumm, Boris!" heraus und merken gar nicht, wie sehr die Technik, die hier manche Kollegen beherrschen, durchaus auch in den Dienst einer differenzierteren Sprache gestellt werden könnte.

Darum legen Sie doch einfach Ihre Scheu ab, wenn Sie sie haben; öffnen Sie sich Ihrer Intuition, wenn sie noch nicht ganz verschüttet ist; merken Sie sich dort, wo Sie immer wieder gegen sie zu sündigen neigen, ein paar Regeln, und zwar durchaus mit Hilfe der angebotenen rhythmischen Eselsbrücken.

Die Merkverse dieses Buches sind besonders hilfreich für alle diejenigen, die in der Ausbildung von Journalisten tätig sind. Und wer wäre das, ohne gleich Ausbildungsredakteur zu sein, nicht spätestens in dem Augenblick, in dem ein Volontär in seiner Redaktion eingesetzt wird und zu wissen begehrt, was denn bitteschön an seiner Formulierung falsch war und deshalb des Redigierens bedurfte.

Atmen Sie mal!

Die gesprochene Sprache – das wird uns in diesem Buch immer wieder begegnen – ist ein wichtiges Korrektiv für eine Schriftsprache, die überquillt vom Blähdeutsch sogenannter Experten. Wir alle sprechen gelegentlich von „langatmigen“ Texten. Aber was ist das eigentlich: „ein langatmiger Text“? – Das ist einer, bei dem man sehr lange sprechend durchhalten muß, bevor der Textsinn es erlaubt, wieder Atem zu holen.

Schon ein kurzer Text kann langatmig sein, wie das Beispiel 19 zeigt.

> Für das Neubauprojekt der Hamburg-Mannheimer Versicherung an der allee unterschrieben bereits der Chemiehandel Transol und Lentjes Umwelttechnik, die von Düsseldorf nach umziehen, Mietverträge.

19 *Lesen Sie diesen Satz bitte einmal laut und sagen Sie, wo Sie sich das erste Luftholen gegönnt haben. Wenn Sie nicht widersinnig intonieren wollen, können Sie sich das wegen des eingebauten Durchhaltezwangs bis zum Objekt Mietverträge erst ganz am Ende des Satzes leisten.*

Das hätte ganz einfach verhindert werden können, und zwar so: Zwei Firmen haben für das Neubauprojekt der Hamburg-Mannheimer Versicherung an der X-allee bereits Mietverträge unterschrieben: der Chemiehandel Transol und Lentjes Umwelttechnik, die beide von Düsseldorf nach X-Stadt umziehen.

Nur am Rande: Die falsche Vergangenheitsform haben wir gleich mit korrigiert. Freuen Sie sich am besten schon einmal auf das Kapitel über das Perfekt.

Die Intuition ausgraben

Es ist erstaunlich und erschreckend, bei wie vielen Menschen die sprachliche Intuition durch diverse vermeintliche Bildungsmaßnahmen so tief verschüttet ist, daß sie solche – eigentlich banalen – Mechanismen erst wieder lernen müssen.

Bei den viel weniger an die Substanz der Sprache gehenden Fragen wie, ob man Rhythmus mit einem oder zwei „h“ schreibt, funktionieren die urtümlichen Kontrollmechanismen merkwürdigerweise viel besser. Fast jeder sagt: Das muß ich schreiben, und zwar mit der Hand. Die gelernte Motorik führt dann auf den richtigen Weg.

Ob dieser Mechanismus bei einer Generation, die im Aufsatz trotz zahlreicher Rechtschreibfehler eine „Eins“ bekommen konnte, auch noch funktioniert oder nur bei denen, die etwas zu alt sind, um Opfer der „Bildungsreform“ zu werden, sei dahingestellt.

Der Journalist
als Instrument

Ungewollte Parteinahme

Was glauben Sie: Kann man mit drei Buchstaben die Aussage einer ganzen Meldung bewerten? – Sprachbewußte wissen: Man kann! Es bedarf dazu nur des Wörtchens nur. Unter „Kurz und aktuell“ meldet eine große Zeitung auf ihrer Titelseite:

20

HBV: Langer Donnerstag ist gescheitert

Nur 25% der Verbraucher nutzen die längeren Ein- und Verkaufsmöglichkeiten an Donnerstagen. Nach Ansicht der Gewerkschaft Handel, Banken und Versicherungen (HBV) ist der lange Donnerstag damit gescheitert.

„Nur“ 25 Prozent der Verbraucher nutzen also den langen Donnerstag. Und damit ist dieses Konzept gescheitert – nach Ansicht der Gewerkschaft Handel, Banken und Versicherungen jedenfalls.

Einmal abgesehen davon, daß man sich fragt, welche „Verbraucher“ neben den *Ein*kaufs- auch die *Ver*kaufsmöglichkeiten an Donnerstagabenden nutzen, muß einem diese Nachricht zu denken geben.

Nicht wegen der Überschrift: Daß die Gewerkschaft der Meinung sein würde, der lange Donnerstag tauge nichts, war nicht anders zu erwarten. Aber wieso solidarisiert sich denn die Zeitung?

Sie meinen, das tut sie nicht? – Das tut sie sehr wohl! Indem sie die 25 Prozent der Verbraucher als wenig einstuft: Nur 25 %! Wahrscheinlich ist es ja so gewesen, daß der Redakteur das Wörtchen nur *nur* aus der Pressemitteilung der Gewerkschaft übernommen hat – ohne sich etwas dabei zu denken.

Aber ist ein Journalist nicht eigentlich dazu da, für seine Leser zu denken? Ist nicht gerade bei den im Auftrag von Interessenvertretern herausgegebenen Meldungen von Pressestellen ganz besonders kritische Aufmerksamkeit geboten? Könnte ein Journalist, der seine Aufgabe ernst nimmt, nicht auf den Gedanken kommen, daß es gar nicht so wenig ist, wenn jeder Vierte von denen, die überhaupt des Einkaufens fähig sind, am Donnerstagabend in einem Laden anzutreffen ist? Müßte er nicht sogar folgern, daß, wenn jeder Vierte nicht reicht, um den langen Donnerstag am Leben zu erhalten, der Montagmorgen schon längst tot sein müßte?

Zugegeben: Die Zeit, über die Einkaufsgewohnheiten an Montagen nachzudenken, hat der Journalist vielleicht gerade nicht; für ihn ist es womöglich gerade zehn Minuten vor Redaktionsschluß. Aber seinen gesunden Menschenverstand und seine kritische Grundhaltung – die sollte er immer haben. Und dazu gehört auch das Mißtrauen gegenüber so tückischen kleinen Wörtern wie nur. Die Zeit, solche Wörter zu streichen – die hat er immer.

In einem anderen Beispiel (21) übernimmt eine Zeitung eine Agenturmeldung, derzufolge „nur" noch 25 Prozent der deutschen Hochschulabsolventen in akademischen Berufen tätig seien. Der „Grund" wird ohne jedes Nachdenken auch gleich mit übernommen: Zu wenig Akademiker-Arbeitsplätze.

Einmal abgesehen davon, daß es *zu wenige* heißen müßte (Zu wenig Mehl zum Kuchenbacken, zu wenige Eier für ein Omelett), muß hier die Frage erlaubt sein, ob es nicht einfach zu viele Akademiker sind, die – gemessen an der Zahl der eine akademische Qualifikation fordernden Arbeitsplätze – in Deutschland auf den Arbeitsmarkt streben, oder? Denn seit wann richtet sich eine zu besetzende Stelle nach dem Eignungsprofil des Bewerbers?

Die parteiischen Wörter erkennen

Nicht alle parteiischen Wörter sind so einfach auszumachen wie das Wörtchen nur. Zum Glück gibt es noch mehr von dieser simpel gestrickten Sorte, die ganz

21

Kurz und aktuell

Viele Verkäufer mit Studium

Bereits 23% der erwerbstätigen Akademiker sind als Verkäufer, Bürokräfte, Arbeiter, Sachbearbeiter oder Facharbeiter tätig. Das teilte das Institut der deutschen Wirtschaft mit. Etwa die Hälfte arbeite als Meister oder Fachkraft. Nur 25% seien noch in klassischen akademischen Berufen tätig. Der Grund: Zu wenig Akademiker-Arbeitsplätze. (afp)

Folgendermaßen abgeändert wäre die Meldung unparteiisch: 23 Prozent der deutschen Akademiker sind als Verkäufer, Bürokräfte, Arbeiter, Sachbearbeiter oder Facharbeiter tätig. Das teilte das „Institut der Deutschen Wirtschaft" mit. Etwa die Hälfte aller Hochschulabsolventen arbeite als Meister oder Fachkraft. 25 Prozent seien noch in klassischen akademischen Berufen tätig. Als Grund werden „zu wenige Akademiker-Arbeitsplätze" genannt.

Die parteiischen Wörter bereits und nur sind gestrichen; der Grund wird klar als der von der Informationsquelle genannte und nicht der von der Redaktion behauptete deklariert.

Nebenbei sind bei der Umformulierung andere Fehler korrigiert und zwei Dinge präzisiert worden: 1. Es handelt sich um deutsche Akademiker; denn das konnte man vorher nur aus der Tatsache schließen, daß das Institut der Deutschen Wirtschaft die Informationsquelle war. 2. Durch den Einschub (aller Hochschulabsolventen) ist nun klar, daß die Hälfte sich auf diese bezieht und nicht auf die 23 % des Eingangssatzes. Wie viel man doch an einer 13 Zeilen-Meldung falsch machen kann!

offenkundig eine Menge als groß oder klein, bewunderns- oder eher bemitleidenswert einstufen. Dazu ein Beispiel.

Eine Firma hat 1,95 Milliarden DM Jahresumsatz gemacht. Die Pressestelle meldet: Annähernd 2 Mrd. Jahresumsatz. Bei anderer Interessenlage könnte man aber auch sagen:

über 1,9 Milliarden
mehr als 1,9 Milliarden
nicht ganz 2 Milliarden
noch keine 2 Milliarden
knapp 2 Milliarden
fast 2 Milliarden
nahezu 2 Milliarden
rund 2 Milliarden
an die 2 Milliarden
immerhin 2 Milliarden

Alle diese Formulierungen nehmen eine Wertung vor – von abschätzig salopp (noch keine 2 Milliarden) über wohlwollend, aber sachlich (nahezu 2 Milliarden) bis verteidigend (immerhin 2 Milliarden).

Übung 1

In Übung 1 des Übungsteils haben Sie Gelegenheit, sich gegenüber den parteiischen Wörtern zu sensibilisieren.

Je länger Sie über diese Dinge nachdenken, desto mehr werden Sie feststellen: Gegen die Sprache ist die Mathematik ein Kinderspiel. Wer sich einmal klargemacht hat, daß eine größere Summe – rein sprachlich – eine kleinere Summe ist als eine große Summe, daß eine jüngere Frau älter ist als eine junge Frau und ein älterer Mann jünger als ein alter Mann, daß es – wenn es mir besser geht – schlechter geht, als wenn es mir gut ginge, der wird aufhören, ständig den Gemeinplatz von den Geheimnissen der Mathematik im Munde zu führen, und statt dessen anfangen, die Geheimnisse der Sprache zu bewundern.

Die wertenden Implikationen enttarnen

Da die Wertung bei Wörtern wie nur, knapp usw. an der Wortoberfläche liegt, ist sie leicht zu erkennen und zu beseitigen. Schwieriger wird es dort, wo sie in den Wörtern versteckt ist – wie in dieser Überschrift:

Fokker-Deal der Dasa:
Neue Verhandlungen befürchtet

Es mag ja sein, daß die Deutsche Aerospace (DASA), die die Mehrheit an den holländischen Fokker-Werken schon sicher glaubte, von neuen Kaufverhandlungen nichts Gutes erwartet und sie deshalb fürchtet. Aber muß der berichtende Journalist sich die Furcht zu eigen machen?

Ja, darf ein Journalist denn überhaupt nicht mehr fürchten und hoffen? – Doch, schon. Er kann zum Beispiel ohne weiteres formulieren Erdbeben

Ferienflieger starten in turbulenten Preiskampf

Drohende Überkapazitäten belasten Reisebranche

Von

Über den Wolken wird der Preiskampf bald grenzenlos sein. . . Diese Abwandlung eines Reinhard-Mey-Liedes beschreibt eine Entwicklung, die den Flugtourismus 1995 vermutlich in schwere Turbulenzen bringen wird. Zur Freude der Urlauber. Denn durch Überkapazitäten in den Urlaubsfliegern drohen die Flugpreise, abzustürzen.

Preiskampf über den Wolken

Die Ferienflieger starten in einen turbulenten Preiskampf der den Flugtourismus 1995 vermutlich in schwere Turbulenzen bringen wird. Zur Freude der Urlauber: Denn durch Überkapazitäten drohen die Flugpreise abzustürzen.

22 *Im rechten Ausschnitt, als Kurznachricht plaziert auf der Titelseite einer Zeitung, erfahren wir: Die Flugpreise drohen abzustürzen.*

Wer immer das schreibt, empfindet den Preisrückgang als eine Bedrohung und stellt sich damit, sicher unbeabsichtigt, gegen die Mehrzahl seiner Leser, die – wie er oder sie selbst schreibt – sich als Urlauber über die niedrigeren Preise freuen.

23 *Nicht genug mit Ausschnitt 22. Im Wirtschaftsteil derselben Zeitung (linker Ausschnitt) darf der Autor den Verstoß gegen die Bedeutungslehre noch zweimal wiederholen: in der Unterzeile der Überschrift und am Ende des Vorspanns, der zur Vollendung auch noch ein falsches Komma vor abzustürzen bekommen hat.*

Dabei wäre doch alles so leicht zu umgehen gewesen. Warum dürfen die Flugpreise nicht einfach und ohne jede wertende Implikation sinken? Und warum kann in der Unterzeile drohende nicht einfach gestrichen werden? Wegen der Länge der Zeile? Wie wäre es zum Ausgleich mit einem bestimmten Artikel für die amputierte Reisebranche: Überkapazitäten belasten die Reisebranche. (Zu den Artikeln mehr in einem späteren Kapitel.)

Schön wäre auch die Beseitigung der häßlichen und vielleicht nicht allen Lesern einer Regionalzeitung verständlichen Überkapazitäten. Mit seinen sieben Silben ist das Wort für eine Schlagzeile ohnehin fragwürdig. Dann läse sich die Sache etwa so: Ein Überangebot läßt die Flugpreise sinken.

befürchtet. In diesem Fall darf er sich zweifellos der Zustimmung aller Leser, ja aller normalen Menschen, sicher sein. Aber Verhandlungen befürchtet – das ist Parteinahme; denn die Furcht ist aus dem wirtschaftlichen Interesse einer bestimmten Seite geboren.

Ähnlich befürchten wird auch bei drohen von den meisten Journalisten die Implikation, das heißt der Bedeutungseinschluß, nicht erkannt. In Beispiel 22/23 wird sogar ein und derselbe Verstoß gleich doppelt, auf der Titelseite und im Wirtschaftsteil, begangen.

Leider sind nicht alle Fälle von versteckter Bewertung wie diejenigen, die durch ein kleines Wort ausgelöst werden und durch Streichung dieses Wortes auch sogleich zu einer neutralen Formulierung führen. Schwieriger zu entlarven und – falls bewußt zur Meinungsmanipulation eingesetzt – wesentlich übler sind Fälle wie dieser:

Solidarpakt/Kohl möchte
Wildwuchs beschneiden

Ignorieren wir, daß am sogenannten Solidarpakt nichts wächst und widmen wir uns der Unterstellung, die diese sogenannte „Nachricht" von der Titelseite einer bedeutenden Regionalzeitung enthält.

Sie besagt, daß in Deutschland etwas wild wächst; was genau, wird – zumindest in der Überschrift und damit für den flüchtigen Leser – nicht gesagt. Nur die Anbindung an das Stichwort Solidarpakt und die im Zusammenhang mit diesem Stichwort öffentlich diskutierte Kürzung von Sozialleistungen läßt die versteckte Bedeutung der gewählten Überschrift erkennen. Die lautet: Kohl möchte zur Finanzierung des Wiederaufbaus in den neuen Bundesländern diverse Sozialleistungen kürzen, die er, Kohl, für überzogen hält.

Das ist natürlich für eine Überschrift zu lang – unbestritten.

Aber die unkritische Übernahme des Wortes Wildwuchs mit der darin enthaltenen Behauptung, eine Reihe von Sozialleistungen seien überzogen, hat in einer Nachricht nichts zu suchen. In der Kürze liegt nicht immer nur die Würze, sondern manchmal auch die Unterstellung. Und machen wir uns nichts vor: Es hat Demagogen jeglicher Couleur schon immer ausgezeichnet, daß sie auf dem Instrument der unerkannt wertenden Begriffsbildung zu spielen wußten.

Entlarvung durch Übertragung

Als Journalist, der seinen Auftrag ernst nimmt, ist man aber zu größerem Mißtrauen verpflichtet als der Rest der Bevölkerung. Wer eine Nachricht formuliert – *Nachricht* im Gegensatz zu *Meinung* – sollte sich immer wieder und insbesondere bei den wichtigen, weil vielfach als Einziges wahrgenommenen, Überschriften fragen, ob die Aussage über eine Person, eine Firma, einen Vorgang wirklich neutral ist.

Bei viel gebrauchten Wörtern, die zu einem bestimmten Zeitpunkt der öffentlichen Debatte zur gängigen Unterstellung geworden sind – wie das beim Wildwuchs der Fall war – fällt die Beurteilung manchmal schwer. Zu oft hat man die Bemerkung gehört, als daß sie noch spontan als wertend empfunden würde.

Doch zum Glück gibt es ein ganz simples, aber stets funktionierendes Mittel, versteckte Wertungen zu enttarnen: die Übertragung der Satzkonstruktion auf einen anderen, möglichst banalen und simplen Vorgang.

Bei unserem Beispiel würde man statt Solidarpakt/Kohl möchte Wildwuchs beschneiden einfach die Wirkung folgender Parallelkonstruktion ausprobieren: Vorgarten/Peter möchte den Wildwuchs beschneiden.

Und siehe da: Plötzlich wird man sich dessen bewußt, wie buchstäblich einschneidend der Vorgang ist, von dem hier die Rede ist, und wie wenig man von dem Zeug hält, das da der Schere zum Opfer fällt.

Natürlich würde kein Mensch eine Formulierung wie Vorgarten/Peter möchte den Wildwuchs beschneiden jemals in einer normalen Sprechsituation benutzen – was im übrigen auch nicht gerade für widernatürliche Konstruktionen dieser Art spricht. Doch darum geht es hier nicht. Selbst die Mißbildung einer Alltagsäußerung offenbart noch zuverlässig die eingeschlossenen Bedeutungen.

Unerkannte Drohungen

Um nun möglichst wieder zu einem brauchbaren Merkspruch zu gelangen, wollen wir noch einmal auf das bei versteckten Implikationen am meisten mißbrauchte Wort drohen zurückkommen.

Als sich nach der Landtagswahl 1995 in Nordrhein-Westfalen die Koalitionsgespräche zwischen SPD und Grünen über viele Wochen hinzogen, las (und hörte) man immer wieder die Formulierung Koalitionsverhandlungen drohen zu scheitern.

Dies kam selbst in solchen Blättern (und Sendern) vor, bei denen man alles andere als Wohlwollen für ein derartiges Bündnis unterstellen konnte. Diejenigen, die die Formulierung benutzten, obwohl sie insgeheim auf ein Scheitern der Verhandlungen hofften, um so einem „bürgerlichen" Bündnis Platz zu machen, haben mit ihrer mangelnden Sprachsensibilität – ohne es zu wissen und zu wollen – dazu beigetragen, daß die Koalition dann doch zustandekam. Denn wenn etwas zu scheitern droht, ist das Scheitern ja eindeutig ein Unglück, etwas, das sich kein vernünftiger Mensch wünschen kann. Oder weiß nicht jeder, was es zu bedeuten hat, wenn der Besuch der Schwiegermutter droht?

Noch ein Merkspruch

Überträgt man die Konstruktion Koalitionsverhandlungen drohen zu scheitern wiederum auf die banale Alltagssituation mit der Schwiegermutter (Schwiegermutter droht zu kommen), dann wird ganz schnell klar, als was für ein Übel der Autor ein Scheitern der Koalitionsverhandlungen ansieht, es sei denn, sein Sprachgefühl sei ihm – wie so vielen Zeitungs- und noch mehr Rundfunk- und Fernsehjournalisten – in diesem Punkt völlig abhanden gekommen.

Damit nun bitte niemand denkt, das Beispiel funktioniere nur, weil die Schwiegermutter, einem landläufigen Vorurteil folgend, *immer* ein Übel ist, vergleiche man nur einmal die folgenden beiden Sätze:

(1)
Besuch der Schwiegermutter befürchtet

(2)
Besuch der Schwiegermutter erwartet

Bei Satz 1 weiß jeder: Die Schwiegermutter ist ein Drachen; beim neutralen Satz 2 könnte sie auch nett sein. Der Merkspruch zur Enttarnung versteckter Wertungen lautet deshalb:

Wertung durch Kontext

Nicht immer wird eine Wertung durch ein einzelnes Wort vorgenommen; häufig ist es erst der Sinnzusammenhang aufeinanderfolgender Sätze, der zu Bewertungen führt, so wie in Beispiel 24.

Dieses Beispiel hätten wir auch getrost im Kapitel „Unfreiwillige Komik" parken können, dies umso mehr, als es eine beliebte Technik professioneller Komi-

> **1,5 Mio Männer sind vermindert zeugungsfähig**
>
> In der Bundesrepublik sind ungefähr 1,5 Millionen Männer vermindert zeugungsfähig – und die Probleme nehmen zu. Dies sagte der Direktor des Hamburger Instituts für Hormon- und Fortpflanzungsforschung (IHF), Freimut Leidenberger.

ker ist, einem vergangenen Satz durch einen folgenden einen zunächst nicht vermuteten Sinn zu geben und dadurch Lacher hervorzurufen, etwa so:

Männer, die behaupten, sie hätten zu Hause das Sagen, lügen auch bei anderer Gelegenheit.

Übung 2

In Übung 2 (Wertungen entfernen) haben Sie die Gelegenheit, Ihr Bewußtsein auch gegenüber solchen Wertungen zu schärfen, die durch die Aneinanderreihung von Sätzen entstehen.

24 *Überschrift und erster Satz dieser Mini-Meldung von der Titelseite einer Regionalzeitung sind zwar mit ihrer Dopplung einer Aussage alles andere als genial; aber sachlich sind sie immerhin – bis auf den Teil nach dem Gedankenstrich: und die Probleme nehmen zu. Der zitierte Direktor eines Hamburger Instituts hält die „verminderte Zeugungsfähigkeit" deutscher Männer also – wie man im Nachgang erfährt – für problematisch. Umso mehr hätte man gerne gewußt, inwiefern und ab dem wievielten Versagen ein Mann denn wohl als vermindert zeugungsfähig anzusehen ist.*

Floskelhafte Sprache

Der Journalist als Langweiler

In einem Land, in dem ein nennenswerter Teil dessen, was elektronische Medien an „Wortbeiträgen“ zu bieten haben, bereits sprachlich ungenießbar ist, hätte der Zeitungsjournalist die Chance, durch eine klare, gute, frische Schreibe aufzufallen und so seinem Blatt zu einem Pluspunkt im Medienwettbewerb zu verhelfen, wie ihn die Aktualität schon lange nicht mehr bieten kann. Leider wird die Chance selten genutzt. Floskeln, Blähdeutsch, abgedroschene Sprachbilder, gar Bildsalat, sind bei den meisten Zeitungen das tägliche Brot der nicht ohne Grund kaum jemals begeisterten Leser.

In diesem Kapitel soll nun nicht etwa das bekannte Lamento der Oberstudienräte des Faches Deutsch angestimmt werden, demzufolge die deutschen Journalisten Rechtschreibung und Zeichensetzung nicht beherrschen. Das stimmt zwar in vielen Fällen und ist ein Ärgernis, auf das wir noch kommen; doch hier geht es zunächst nicht um offenkundige „Fehler“, sondern darum, wie viele Journalisten sich durch einen öden Sprachgebrauch als Totengräber der Printmedien betätigen, die – da sie schon keine bewegten Bilder zu bieten haben – unbedingt eine bewegte, lebendige Sprache offerieren müßten.

Es geht darum, Sie, liebe Nutzer dieses Buches, für die alltäglichen Floskeln zu sensibilisieren, Ihr Bewußtsein dafür zu schärfen, daß sie zum Schlimmsten beitragen, was man einem Leser antun kann: ihn langweilen.

Wenn die Beiwörter nicht mehr schmücken

Noch die harmloseste Form der alltäglich in Deutschlands Zeitungen zu findenden floskelhaften Sprache sind die zahlreichen, meist völlig entbehrlichen Adjektive. Ein typisches Beispiel für die Häufung solcher Adjektive in einem Text zeigt Abbildung 25.

Ovation, bitte setzen!

Können Sie sich daran erinnern, jemals in der Kulturberichterstattung eines Lokalteiles eine Ovation vorgefunden zu haben, die nicht stehend war? – Ich nicht. Dabei haben beim Applaus bestenfalls die Leute gestanden und nicht die Ovation. Daß wir es in diesem Fall – wie in so manchen anderen – nur den Engländern mit ihren standing ovations nachgemacht haben, taugt kaum als Entschuldigung; im Englischen ist das derselbe Blödsinn.

Die Ovation, die immer nur stehend und im Plural vorkommt, sollte viel-

Clinton: Wir müssen jetzt in Bosnien handeln

‚Entscheidung fällt in wenigen Tagen'

WASHINGTON (rtr)

US-Präsident Clinton hat für die kommende Woche entschiedene Maßnahmen gegen den Krieg in Bosnien angekündigt. „Ich glaube, wir sollten jetzt etwas tun", sagte Clinton am Freitag. Entsprechende Beratungen würden bald abgeschlossen.

Gegenwärtig würden alle Möglichkeiten geprüft, mit Ausnahme der Entsendung von Bodentruppen, erklärte Clin-

BILL CLINTON

ton. Luftangriffe gegen serbische Stellungen und eine Aufhebung des Waffenembargos gegen die Moslems in Bosnien seien zwei mögliche Optionen.

Das müsse allerdings „mit einem klar definierten Ziel geschehen, dessen Grenzen klar gezogen sind. Die Vereinigten Staaten sollten sich nicht als Partei in einen Krieg verwikkeln lassen", sagte Clinton. Er sprach sich gegen einen US-Alleingang aus. „Ich glaube nicht, daß wir allein etwas unternehmen sollten. Aber ich glaube auch nicht, daß das nötig sein wird", sagte Clinton. Beobach-

Kommentar: Clinton greift ein

ter gehen davon aus, daß konkrete Schritte nach dem russischen Referendum vom Sonntag eingeleitet werden.

Enge Berater Clintons – darunter Vizepräsident Al Gore und Pentagon-Chef Aspin – und führende Balkan-Experten des US-Außenministeriums hatten zuvor ein militärisches Eingreifen gefordert. Die UNO-Botschafterin der USA, Albright, und US-Sicherheitsberater Lake forderten Luftangriffe zur Verteidigung belagerter moslemischer Städte.

leicht einmal buchstäblich abgesetzt werden, damit sie den Lesern nicht die Sicht auf das Wesentliche nimmt.

Doch leider ist die Wendung nur *eine* von vielen Kombinationen von Substantiv und Adjektiv, bei denen das Adjektiv so abgegriffen ist, daß man bereits eine Wirkung durch Weglassen erzeugen kann. Das reicht von den Maßnahmen, die trotz der dem Wort innewohnenden Konkretheit stets noch ein konkret hinzugefügt bekommen, über die Proteste, die neuerdings fast immer

25 *In diesem Artikel können fast alle Adjektive gestrichen werden, und dies nicht nur ohne Schaden für den Beitrag, sondern zu seinem Vorteil. Betrachten wir die überflüssigen Adjektive im einzelnen. Entschiedene Maßnahmen: Da es keine unentschiedenen Maßnahmen gibt, handelt es sich hier um eine übernommene, leere Drohgebärde. Entsprechende Beratungen: Was für Beratungen denn sonst, wenn nicht genau zu dem Thema, um das hier geht? Alle Möglichkeiten: Da die Ausnahme sogleich folgt, ist alle am Satzbeginn zumindest kurzfristig irreführend. Da hätte man schon mit der Ausnahme beginnen müssen. Etwa so: Außer der Entsendung von Bodentruppen würden alle Möglichkeiten geprüft. Mögliche Optionen: eine Tautologie, salopp: doppelt gemoppelt. Eine Option ist eine Möglichkeit. Klar definiertes Ziel: Steuern Sie mal ein Ziel an, das nicht klar definiert ist! Die eindeutige Festlegung macht ja gerade das „Ziel" aus. Konkrete Schritte: Schritte sind immer konkret, nie abstrakt; sie werden schließlich „getan"! Enge Berater: Läßt der amerikanische Präsident sich in so wichtigen Fragen um Krieg und Frieden von Leuten beraten, die ihm nicht eng verbunden sind? Führende Experten: Ist jemand ein Experte, wenn er auf seinem Gebiet nicht führend ist? Mit anderen Worten: Eine Ansammlung von Worthülsen, so wirkungslos wie Patronenhülsen im Krieg, verbales Imponiergehabe.*

massiv sind, bis hin zu der Lächerlichkeit eines auch noch seinerseits modifizierten Adjektivs in der nach oben offenen Richter-Skala.

Hochkarätige Gesprächsrunde im Kanzleramt: Die Spitzenvertreter der deutschen Wirtschaft berieten mit der Bundesregierung über ihre Möglichkeiten beim „Aufbau Ost" (von links):

26 *Ein Bild von mehreren Ministern oder Staatschefs, das Foto von einer Podiumsdiskussion, und wie wird die Runde gekennzeichnet?*

Genau: als hochkarätig. *Es wird Zeit für die Diamanten-Industrie, sich zur Wehr zu setzen. Denn wie oft hat sich mancher „Hochkaräter" schon als wenig wertbeständig erwiesen! Nachdem nun die Frauen in die „hochkarätigen" Runden einzudringen beginnen, mehren sich auch die Chancen für eine andere Variante wenig geistreicher Bildunterschriften:* Gruppenbild mit Dame.

In einer Zeit, als den Kindern in der „Volksschule" noch ein Sinn für das Wesen ihrer Sprache nahegebracht wurde, indem die Lehrer von „Tuwörtern" sprachen, weil bei dem, was wir „Verben" nennen, etwas passiert, und indem sie die Adjektive „schmückende Beiwörter" nannten, weil diese dem „Hauptwort" einen Sinn hinzufügen, den es selbst nicht hat – in einer solchen Zeit wäre es wahrscheinlich leichter gewesen, ein Adjektiv als störend darzustellen, weil es das Wort, dem es beigegeben ist, einfach nicht „schmückt".

Heute, nachdem Generationen von Zeitungsvolontären aus dem Deutschunterricht die Erkenntnis mitgebracht haben, daß die kritische Diskussion der Inhalte allemal wichtiger sei als sprachästhetische Normen, tut man sich da schon schwerer und muß einen Test anbieten, bei dem die Floskel-Kombinationen der Lächerlichkeit preisgegeben werden.

Übung 3

Und so werden Sie in Übung 3 des Anhangs auf pädagogisch höchst fragwürdige Weise aufgefordert, genau jene abgedroschenen Adjektive einzusetzen, die Sie in neun von zehn Zeitungsartikeln an der entsprechenden Stelle finden – jedoch nur, um dies noch dieses *eine* Mal zu tun und danach niemals wieder.

Selbst wenn die Adjektive gut gewählt sind und keinesfalls abgegriffen, macht sich ihre Häufung in einem Text, der kaum ein Substantiv unausgeschmückt passieren läßt, unangenehm bemerkbar. Eine solche Sprache wirkt überladen und schwerfällig; sie entwickelt keine Geschwindigkeit, genauer: Es fehlt der Wechsel zwischen dem schnellen puren Text und dem genauer hinsehenden, filigran ausgeschmückten.

Ein Beispiel dafür ist der in Abbildung 27 gezeigte Beitrag , in dem die Autorin dem Leser durch ein Übermaß an schmückenden Beiwörtern den Zugang zu ihren klugen Gedanken verstopft.

Professorin [redacted]

Eliten auf der Flucht:

[redacted]

Der neue Trend schillert: die Wohlstandsgesellschaft auf dem Tugendpfad. So gut das Müllsortieren klappt, so schlecht läuft es mit dem Sortieren der Gedanken und Taten.

„Komplexität" nennen das die Vorlauten, was uns den Durchblick so sehr erschwert, daß wir lieber nur noch symbolisch handeln. Von der Lichterkette zum Tankstellenboykott, und in immer besserer Gesellschaft: Unter dem Kreuz ruft ein vormaliger Verfassungsrichter zur Geschäftsschädigung bei kleinen Päch-

● ESSAY

tern auf – die radikale Tugend muß grausam sein.

Vor Jahren, als der Wettlauf der neuen Eliten gerade eben gestartet war, ahnte keiner, wie unübersichtlich auch dieses Szenario des großen Platztausches werden würde: Die Demonstrations-Elite entfaltet ihre Transparente vor den leeren Reihen der Reflexionselite; ihre Botschaften sind klar und trotzig. Reality läuft als TV-Programm, nicht hier.

Der einstimmige Aufschrei wird nur möglich durch eine gewisse Informations-Askese: Wissen macht befangen. Symbolische Großkampagnen, wie die jüngste von Greenpeace gegen Shell, binden Massen ins Bekenntnis, weil Sachkenntnis kleingeschrieben wird. Wer differenzieren möchte, ist der Feind. Dabeisein ist alles, ob bei Christo oder bei Brent Spar.

Aus den flatternden Flügeln rechts und links vom satten Wohlstandsbauch ist die umworbene Mitte geworden: Der grüne Vogel hat ein paar Federn gelassen und steigt stolz empor, von konservativen wie sozialistischen Vogelfängern mit Lockungen umgurrt. Den Kopf voller Werbesprüche für die Ära der neuen Kooperationen, vergessen die Herren auf den besseren Plätzen gleich ganze Passagen aus ihrem Parteiprogramm. Auch kleinere Entscheidungen werden zur Last; die alte Magie der „Basis" lebt auf – als Fluchttunnel für entscheidungsscheue Symbolisten einer neuen, soften Politik.

Man delegiert nach unten, was nach späteren Rückfragen riecht; dann ist der Bürger selbst schuld, wenn die Sache danebengeht. Abenteuerliche Mischungen entstehen so; Taktik ist wichtiger als der ganze Überzeugungsplunder aus der Mottenkiste der klassischen Parteiprogramme.

Die neue Elite ist disponibel. Sie tut die Arbeit, die andere liegenlassen: begeistern, aufregen, hoch pokern für virtuelle Ziele, die ein wenig über jedermanns Scheitel liegen – daran ist immer Bedarf.

Die Wählerschaft der Grünen wächst nicht wegen deren höherer Vernunft – nach Thomas von Aquin und Platon immerhin eine ehrenwerte politische Option –, sondern wegen der emotionalen „power", wie man das neudeutsch nennt; wegen des spontanen Touchs, der abenteuerlichen Tugendliebe, die Gefahr nicht scheut und den Gegensatz zu den Mächtigen luxurierend auskostet – mit jenem augenzwinkernden Augenmaß, das genau dort innehält, wo der ungestüme Auftritt durch die Option belohnt wird, selbst zu den Mächtigen zu gehören.

Dann wendet sich das Blatt. Die Außenstellen – wie Greenpeace – zeigen, zur Versöhnung der symbolhungrigen Wohlstandsbürger, weiterhin das wilde, elementare Stück vom Hirtenknaben mit der Schleuder oder der zartgliedrigen Jungfrau im schimmernden Helm vor den Thronen der abzuräumenden Mächtigen – welche die rettende Umarmung vorziehen.

Voraussetzung für dieses schillernde neue Tableau, das kein Herz unergriffen läßt, ist die Flucht der Leistungs- und Bildungselite von ihren Plätzen im öffentlichen Diskurs. Während die Priester der säku-

27 *Ein Verzicht auf das Übermaß an Adjektiven (s. Unterstreichungen) würde den Text nicht uninteressanter machen, aber besser verdaulich.*

Wer einmal gemerkt hat, wie ein Text Luft bekommt und durchatmet, nachdem man ihn von den vielen unnötigen Beiwörtern befreit hat, der wird eine rechte Freude daran entwickeln, künftig bei allen solchen Produkten zu streichen, zu streichen und noch einmal zu streichen.

Wahrscheinlich braucht er dann den rechts gezeigten Merkspruch nur noch zur Weitergabe des Erkannten an noch Lernende:

Von der Dummheit „atomarer Träume“

Es gibt noch eine weitere Sorte von Adjektiven in deutschen Zeitungen, die weniger langweilen als vielmehr verärgern, und das sind die, die eigentlich gar keine Adjektive sind, sondern verkappte Nominalphrasen.

Es sind die vom Typ atomare Träume oder schwierige europapolitische Zeit. Diese und weitere typische Fälle finden Sie in den Beispielen 28 bis 33 zusammengestellt.

Was ist bei einer Überschrift wie Abschied von den atomaren Träumen (Beispiel 28) passiert? Gemeint ist offensichtlich, daß hier jemand (Frankreich hoffentlich) von seinen Träumen, Atommacht zu sein, Abschied nimmt. Der Schreiber wollte dies in der Überschrift kurz und knapp und ohne Nebensatz sagen (das ehrt ihn), hatte aber zugleich das Gefühl – und auch dies ehrt ihn –, daß er eine Konstruktion mit zweimaligem „von“, wie es Abschied von den Träumen vom Atom gewesen wäre, vermeiden sollte.

Statt nun – was das einzig Richtige gewesen wäre – einen Abschied von den Atom-Träumen daraus zu machen, packte er den Inhalt der Präpositionalphrase (von den Atom-Träumen) kurzerhand in ein Adjektiv und machte daraus atomar.

Abschied von den atomaren Träumen

Bonn. (dpa) Mit der Einigung in allen zentralen Fragen auf dem Gipfel von Edinburgh hat die Europäische Gemeinschaft nach Einschätzung von Bundeskanzler Kohl (CDU) „in einer sehr schwierigen europapolitischen Zeit" Handlungsfähigkeit nach innen und außen bewiesen. Auch Politiker des Koalitionspartners FDP und der SPD-Opposition begrüßten den Kompromiß.

28 *Träume können nicht atomar sein, es sei denn, im übertragenen Sinne, etwa so: So zusammenhanglos habe ich noch nie geträumt; meine Träume letzte Nacht waren geradezu atomar. Das ist hier aber bestimmt nicht gemeint.*

29 *Die Zeit kann lang und kurz und sicher auch schwierig sein; europapolitisch kann sie nicht sein. Gemeint ist: in einer für die Europapolitik schwierigen Zeit. Wieder soll hier ein Adjektiv die Funktion einer kompletten Präpositionalphrase übernehmen. Das kann es nicht.*

„Deutschland vor sozialer Zerreißprobe"

Nationale Armutskonferenz spricht von Entsolidarisierung mit den Schwächsten

30 *Schweigen wir über das Soziologen-Kauderwelsch der Unterzeile und fragen wir uns, was die soziale Zerreißprobe sein könnte, vor der Deutschland steht. Gewitzigt durch unsere Beobachtung, daß das als Beschreibung seines Substantivs nicht taugende Adjektiv meist eine verkappte Wendung mit Präposition ist, werden wir auch hier fündig: Gemeint ist eine Zerreißprobe in der Gesellschaft. Wie gut, daß es nur eine Probe war!*

Österreich fürchtet ein sicherheitspolitisches Vakuum

31 *Das Vakuum ist genausowenig sicherheitspolitisch wie die Zeit europapolitisch ist. Gemeint ist ein Vakuum in der Sicherheitspolitik – was immer das sein mag.*

Längst ist Deutschland kein weltpolitischer Zwerg mehr

32 *Der Zwerg ist nicht weltpolitisch. Gemeint ist: Deutschland ist in der Weltpolitik kein Zwerg mehr. Wer die Präpositionalphrase in der Weltpolitik durch das Adjektiv weltpolitisch ersetzen zu können glaubt, macht es sich zu leicht.*

ASU gegen ordnungspolitische Verwahrlosung

Bedrohlicher Einfluß von Parteien und Beamten / Staatsquote senken

33 *Einmal abgesehen davon, daß der Durchschnittsleser unter „ASU" eher „Abgas-Sonderuntersuchung" versteht als „Arbeitsgemeinschaft Selbständiger Unternehmer", können auch die Mitglieder dieser Vereinigung zwar eine Verwahrlosung in der Ordnungspolitik fürchten, aber keine Verwahrlosung zu einer ordnungspolitischen machen.*

Doch das geht *nicht*. Es geht deshalb nicht, weil das Adjektiv stets auf die Frage antwortet: *Wie ist* das Etwas, vor dem es steht? In diesem Fall: Wie sind die Träume? Und ganz sicher sind sie nicht atomar.

Es kommt einem fast lächerlich vor, auf Dinge hinweisen zu müssen, die jeder Deutschlernende spätestens in der zweiten Lektion erfährt, nämlich daß Peter ist groß umgewandelt werden kann in der große Peter und umgekehrt. Dennoch kommt kein doch angeblich der deutschen Sprache mächtiger Journalist einmal auf die Idee, die Gegenprobe zu machen, und zu testen, ob man denn wohl die soziale Zerreißprobe umwandeln kann in die Zerreißprobe ist sozial. Dann würde jeder schnell merken, daß die Zerreißprobe keinesfalls sozial oder unsozial ist, sondern daß es allenfalls die Menschen sind, die eine solche heraufbeschwören.

Übung 4

In Übung 4 haben Sie Gelegenheit, Adjektive aufzuspüren, die keine sein dürften, und sie in das umzuwandeln, was sie eigentlich sind: in der Regel Nominalphrasen.

Falsche Superlative: Das gesteigerte Ärgernis

Wir können das Thema „Adjektiv“ leider noch nicht verlassen. Es stellt nämlich oft auch in buchstäblich gesteigerter Form ein Ärgernis dar. Oder wer hätte nicht schon einmal etwas von optimalsten Lösungen gelesen?

Nun gut, mag man einwenden, es haben ja nicht alle Journalisten Latein gelernt; woher sollen sie auch wissen, daß es optimaler als optimal gar nicht geht, weil optimal bereits das beste ist, der Superlativ nämlich?

Der gebildetere Leser würde den Ausrutscher ja vielleicht auch verzeihen, wenn er nicht dauernd ähnliche träfe, die nicht mit mangelnden Latein-Kenntnissen zu entschuldigen sind: die einzigsten Überlebenden, größtmöglichsten Erfolge und meistgesuchtesten Terroristen, wo dem Einzigen, dem Größtmöglichen und dem Meistgesuchten, eindeutigen Superlativen (Formen also, die nicht weiter gesteigert werden können) unnötigerweise eine nochmalige Steigerung verpaßt wird.

Die doppelt gemoppelten Superlative gehören sicherlich zu den von gebildeten Lesern bestgehaßten Erscheinungen, da sie ihnen immer wieder die „richtungweisende“ Qualität ihres Blattes vor Augen führen – letzteres eines der meistgebrauchten Beiwörter des schlechten Zeitungsdeutsch, das zudem noch gern durch ein deplaziertes Genitiv-s verunstaltet wird (siehe 35).

Funk-Telefone zu abhörsicher

Ermittlungsbehörden verlangen Änderungen bei neuen Systemen

34 *Ebenso wenig wie die höchstverschuldetsten Nationen gibt es zu abhörsichere Telefone; abhörsicher ist bereits abhörsicher. Und dennoch kommen sie in deutschen Zeitungen vor – siehe Abbildung.*

Richtungsweisende Duelle im Abstiegskampf

35 *Grammatikalisch (wegen des falschen Genitiv-s) wie ästhetisch (Bürokratendeutsch) eines der ärgerlichsten Adjektive im Zeitungsdeutsch: richtungsweisend.*

Unterschiedliche Besteuerung und Währungsverschiebungen machen die Einfuhr deutscher Wagen aus dem Ausland immer interessanter

Auto-Importe auf eigene Faust – lohnenswert, aber mit vielen Fußangeln

36 *An dieser Stelle muß unbedingt noch eine weitere Mißgeburt unter den Adjektiven vorgestellt werden. Sie heißt lohnenswert und hat völlig unnötig das Licht der Welt erblickt, da es doch das schöne Wort lohnend gibt.*

Gebildet wurde es in Analogie zu solchen Begriffen wie lesenswert und wissenswert, die ja ein Kürzel sind für Konstruktionen vom Typ wert, gelesen zu werden. Wer sich gegen die Unart lohnenswert feien möchte, macht Übung 5 im Anhang.

Übung 5

37 *Socks ist wirklich ein Wundertier. Denn die meistfotografierteste Katze – die gibt es eigentlich gar nicht, zumindest sprachlich nicht.*

In wichtigen Exportmärkten wie Großbritannien sieht es anders aus. Dort sind vor allem billigere Weine ordentlicher Qualität aus Frankreich gefragt. Vorausgegangen waren Enttäuschungen über das Preis-Leistungs-Verhältnis manch hochgerühmter Lage. Ein Importeur weniger anspruchvollerer Tropfen meint lakonisch: „Meine Kunden wollen nicht das Etikett trinken, sondern den Wein."

Bill Clintons Kater Socks betreibt für den Präsidenten positive Imagewerbung. Mit Sicherheit darf sich Socks für die meist fotografierteste Katze der Welt halten.

38 *Leider gibt es nicht nur falsche Superlative, sondern auch falsche Komparative, wie die weniger anspruchsvolleren Tropfen in dem Text oben beweisen.*

Massenware Sprachbild

Der Journalist als Hobbymaler

Beliebtester Politiker-Sport: Tauziehen

Abgegriffene Adjektive sind noch eine der harmloseren Formen, wie man Leser anöden kann. Schlimmer, weil länger und buchstäblich das ganze Bild beherrschend, sind die abgedroschenen Metaphern, Sprachbilder.

Tauziehen um Solidarpakt geht weiter. So oder ähnlich kann man es täglich in den Nachrichten hören, aber auch lesen. Die Kollegen bei den elektronischen Medien sind zugegebermaßen noch größere Maler vor dem Herrn als die für das gedruckte Wort Arbeitenden.

Das Tauziehen, ursprünglich ein vitales Bild, ist inzwischen so oft für alle möglichen Verhandlungen zwischen Politikern verschiedener Parteien und – dort besonders beliebt – Arbeitgebern und Gewerkschaften bemüht worden, daß ihm nunmehr jegliche Originalität abgeht. Schlimmer noch: Es nervt.

Selbst Ringen um, das von Deutschlands Journalisten zur zweithäufigsten Sportart unter Politikern gemacht worden ist, nervt weniger als Tauziehen.

Ob man als Konsument der Nachrichtensprache gegebenenfalls auch das Fingerhakeln hinnehmen würde? Es könnte ja mal jemand auf die Idee kommen und damit eine neue Mode auslösen. Oder gibt es doch eine Grenze der Albernheit?

Es geht rund: das Karussell...

Es ist bemerkenswert, welch ausgeprägte Neigung Deutschlands Journalisten zu jenen Sprachbildern haben, bei denen sich etwas dreht. Anders läßt sich die Beliebtheit des Karussells nicht erklären, eine Beliebtheit, die der Tücke des Wortes trotzt, sich mit einem „r“, zwei „s“ und zwei „l“ zu schreiben; denn das geht nicht immer gut.

Besonders beliebt ist das Personalkarussell; es muß bei 90 Prozent aller öffentlichen Personaldiskussionen als Bild herhalten.

Beim ZDF dreht sich das Personalkarussell

39 *Rund muß es gehen, wenn der Bilderschwätzer glücklich sein soll: Ein Karussell muß her.*

Personalkarussell bei Kassenärzten auf regionaler Ebene

40 *Was so ein richtiges Karussell ist, das läßt sich nicht aufhalten, wenn es einmal in Schwung gekommen ist.*

Schon 1993 wird an der Steuerschraube gedreht

41 *Wie das Beispiel zeigt, wird schon seit mindestens 1993 munter die Steuerschraube gedreht. Die Leser sind es längst leid. Nur die Journalisten nicht; die finden das immer noch originell.*

... und die Schraube

Keiner geringeren Beliebtheit als das Karussell erfreut sich unter den wortmalenden Journalisten die Schraube, besonders in ihrer Erscheinungsform als Steuerschraube. Man muß nämlich wissen: Die Steuer ist in Deutschland seit mindestens Anfang der 90er Jahre eine Schraube.

Aber Journalisten müssen wohl zwei linke Hände haben: Es wird selten klar, ob die Schraube festgedreht oder gelokkert wird. Und weil das offensichtlich sowieso egal ist, wird die Steuerschraube auch gern einmal gegen die Steuerspirale ausgetauscht. Schließlich dreht sich da ja auch irgendetwas, oder?

Washington legt Israel Daumenschrauben an

Clinton dringt auf Lösung des Konflikts mit Deportierten

42 *Noch schöner, weil dramatischer als die Steuerschraube ist die Daumenschraube, vor allem dort, wo sie im Plural angelegt wird. Das Mittelalter läßt grüßen.*

Inflationsspirale in Rußland dreht sich immer weiter

Taumelnder Rubel sorgt für Panik

43 *Von der Schraube ist es nicht weit zur Spirale. Auch hier dreht sich ja etwas, und Wirbel muß anscheinend sein.*

Jürgen Gaulke: „Die Steuerschraube – wie uns der Fiskus abkassiert"; Knaur Taschenbuch Verlag 1995,

44 *Von allen Schrauben und Spiralen als einzige zum Buchtitel gebracht hat es bisher nur die Steuerschraube.*

Künstliche Dramatik durchs Bild

Dramatik muß sein, und wenn das Thema es nicht bereitwillig hergibt, muß sie durchs dramatische Bild heraufbeschworen werden. Verhandeln folglich zwei Messegesellschaften über eine mögliche Kooperation, dann proben sie im Schaumschläger-Deutsch den Schulterschluß (45). Manchmal wird der Schulterschluß auch geübt. Was will das heißen? *Wird* da nun kooperiert oder nicht? Ruhrgebietskinder würden fragen: „In Spiel oder in echt?"

Auch Deutschlands Studenten proben manchmal den Schulterschluß (46) und – man glaube es oder nicht! – sogar die SPD (47). Dabei kennt doch jeder die Steigerung, die da lautet: Freund, Feind, Parteifreund, Genosse.

Brave Bürger gehen zuweilen sogar noch weiter: Sie proben – wie wir Beispiel 48 entnehmen –nicht nur den Schulterschluß, sondern gleich den Aufstand, und zwar gegen das Tiefbauamt.

45

Messen proben Schulterschluß

Erste Kooperationen – Essen gegen „Unsinn des Platzausbaus"

46

Deutsche Studenten üben Schulterschluß mit ihren ausländischen Kollegen

Aktionen gegen Fremdenhaß an den Hochschulen

45 *bis* 47 *Geprobte Schulterschlüsse allenthalben*

47

Während erste SPD-Abgeordnete von Lafontaine und Klimmt schon eine „rückhaltlose Aufklärung" fordern, probt die SPD-Spitze im Ollenhauer-Haus den Schulterschluß vor der abendlichen Präsidiumssitzung. „Eine Räuberpistole", wettert Geschäftsführer Blessing über die angebliche „Rotlicht-Affäre".

48

Ärger um Poller hält weiter an

proben Aufstand gegen das Tiefbauamt

48 49 *Sehnsucht nach Randale? – Wenn schon keine richtigen Aufstände, dann wenigstens geprobte*

49

Die bayerischen Autobauer wollen ein Franchise-System einführen

BMW-Händler proben den Aufstand

Vom Nachrichtenfieber

Es mag ja sein, daß die Nachrichtenagenturen ihre Informationen besser verkaufen können, wenn sie den Redaktionen Sensationen anzubieten haben. Das Perverse ist natürlich interessanter als das Normale, das Kranke allemal spannender als das Gesunde.

Aber warum deshalb die biederen Ingenieure in den Entwicklungsabteilungen der Automobilindustrie, die sich bekanntermaßen seit Jahr und Tag unter anderem um einen Elektro-Antrieb für ihre Autos bemühen, das auf einmal fieberhaft tun (siehe 50), ist schwer nachzuvollziehen.

Autoindustrie bastelt fieberhaft am Pkw mit Elektroantrieb

Produktionsstart für Mitte der neunziger Jahre geplant

50 *Ein Mensch, der Fieber hat, der bastelt nicht. Der liegt im Bett.*

Fieber muß sein; dann stimmt die Nachrichtenwelt. Es wäre absolut undenkbar, daß die Polizei *nicht* wie im Fieber ist, wenn sie nach einem Entführer sucht. Je sympathischer der Entführte, desto fieberhafter die Suche. Besonders bei entführten Kindern ist Fieber angesagt.

Bilder verkommen leicht zur Marotte

Marotten, wohin man blickt, auch wenn nicht alle Marotten bis zum Überdruß verwendete Sprachbilder sind (s. dazu auch das nächste Kapitel mit der aktuellen Marottenliste). Aber Sprachbilder sind besonders gefährdet, zu marottenhaftem Gebrauch zu verkommen.

Der Journalist will und soll ja so konkret wie möglich schreiben, und dort, wo es wegen einer abstrakten Materie nicht geht, bedient er sich eben gern bildhafter Sprache, einer Sprache, in der nicht die bezeichneten Gegenstände selbst gemeint sind, sondern etwas anderes, etwas Abstraktes, der sogenannte übertragene Sinn.

Doch selbst ein Bild wie das Tauziehen, ursprünglich sicherlich von großer Suggestivkraft, wird durch massenhaften Gebrauch müde und schlapp. Fällt einem auf die Schnelle nichts Besseres ein, ist die nicht-bildhafte Bezeichnung dessen, was da vor sich geht, allemal besser als schon wieder dieser Massensport. Der Merkspruch zu Sprachbildern lautet deshalb:

Wenn Black + Decker dünnere Bretter bohrt

Besonders unter den Wirtschaftsredakteuren regionaler Abonnementszeitungen, aber nicht nur dort, läßt sich eine Art Zwangsneurose bei der Formulierung von Firmennachrichten beobachten. Der an ihr erkrankte Schreiber versucht krampfhaft, die Botschaft in ein aus dem Unternehmenszweck geschöpftes Bild zu pressen. Das sieht dann etwa so aus wie in den Abbildungen 51 bis 63.

Black + Decker muß dünnere Bretter bohren

51

Bärenstarkes Geschäft mit Steiff-Tieren

52

Nino strickt Sanierungskonzept

53

Flender mit Antriebsproblemen

Nachrichtendienst

. Die zum Babcock-Konzern gehörende A. Friedr. Flender AG, einer der weltgrößten Anbieter von Antriebstechnik, befindet sich nach eigener Aussage im „Konjunkturschatten" der Branche. Der Umsatz des Konzerns sei im Geschäftsjahr 1991/92 (30. September) gegenüber dem Vorjahr um 9,2 Prozent (bereinigt: 14,2 Prozent) auf 1,249 Milliarden DM (Vorjahr: 1,376) zurückgegangen, teilte Vorstandschef Lorenz Weegen gestern in mit. Zwar habe man einen gegenüber dem Vorjahr um 2,1 Prozent gestiegenen Jahresüberschuß in Höhe von 26,8 Millionen DM (Vorjahr: 20,3 Millionen) erzielt. Der Konzern-Auftragseingang sank jedoch um 2,6 Prozent (bereinigt: 8,5 Prozent) auf 1,222 Milliarden DM (Vorjahr 1,254 Milliarden).

54

55

Auch Japans Autoriesen spüren Sand im Getriebe

Fahrerwechsel am Lenkrad des Porsche-Aufsichtsrats

56

57

American Airlines im Sinkflug

58

Lufthansa und LTU im Aufwind

BMW bremst nach Rekordrunde

Fahrt gegen rückläufigen Trend / 1993 niedrigerer Absatz erwartet

59

BECHSTEIN GRUPPE / In Berlin dreht sich „Maßnahmenkarussell" zur Kostensenkung

Der Klavier-Hersteller will künftig vor allem in Sachsen in die Tasten greifen

60

61

Thyssen Aufzüge fahren in den USA mit

ritish Rail: MacGregor stellt die Weichen

62

Textilgruppe Hof geht mit Pfersee auf Tuchfühlung

63

Wie manche Menschen sich bekreuzigen, wenn sie Weihwasser sehen, malt der Wirtschaftsredakteur einer regionalen Abozeitung ein Bild, wenn ihm eine Unternehmensnachricht begegnet. Dagegen ist auch prinzipiell nichts einzuwenden, haben einige Bilder doch den Vorteil, schon in der Schlagzeile zwei Dinge auf einmal zu leisten: die Branche zu kennzeichnen und den Inhalt des Artikels anzudeuten. So etwa, wenn die Firma Nino ein Sanierungskonzept strickt (53) oder bei British Rail Herr McGregor die Weichen stellt (62).

Drei Forderungen gilt es aber bei der Bildwahl zu beachten.

Erstens: Das Bild darf nicht bereits durch mannigfachen Gebrauch farblos geworden sein. Fluggesellschaften wie die Lufthansa aus Beispiel 58 etwa sind, wenn sie ein gutes Geschäftsjahr hinter sich haben, schon seit Jahren fast automatisch im Aufwind.

Zweitens: Das Bild muß die Sache treffen, und das ist leider häufig nicht der Fall. Wer in Beispiel 59 bremst, ist nicht BMW; das sind die Käufer!

Drittens: Die Lektüre einer solchen bildhaften Überschrift darf dem flüchtigen Leser nicht verheimlichen, worum es wirklich geht, oder ihn gar in die Irre leiten wie in Beispiel 51. Muß Black + Decker Leute entlassen? Ist nur der Umsatz zurückgegangen? Oder auch der Gewinn? – All dies läßt dünnere Bretter bohren offen. Und Flender, der Hersteller von Antriebstechnik aus Beispiel 54, hat gar keine technischen Probleme – was man nach einer solchen Überschrift annehmen könnte –, sondern Umsatz eingebüßt.

Die gute Absicht

Ein Wirtschaftsredakteur bei einer regionalen Abozeitung hat es sicher nicht leicht. Von seinem bescheidenen Wirtschaftsteil muß er ständig auch noch etwas für Anzeigen abgeben, und unter diesen widrigen Umständen soll er nicht nur die wichtigsten Unternehmensmeldungen bringen, sondern möglichst auch noch alles aufzeigen, was den Verbraucher interessiert – vom Dollarkurs über die Zinsen bis zum Bananenpreis. Und allgemeinverständlich, ja unterhaltsam, soll er seine Materie auch noch darbieten.

In dieser verzweifelten Situation bedient er sich der Sprachbilder, die – wenn sie gut gewählt sind – die Botschaft auf den Punkt bringen, platzsparend, geistreich und allen verständlich.

Die Absicht ist höchst ehrenwert; allein die Umsetzung gelingt nur selten. Und da, wer um jeden Preis geistreich sein will, kaum jemals Sympathie erntet, gebe man sich im Zweifel doch lieber mit einem schlichten Umsatzrückgang bei Flender oder – einfacher – Weniger Umsatz bei Flender zufrieden, statt um jeden Preis ein Bild herbeizuzwingen und Antriebsprobleme zu bemühen.

Dieser Rat hat mit sprachlicher Korrektheit übrigens weniger zu tun als mit dem Auftrag des Journalisten, die Bedürfnisse der Leser über alles andere zu stellen, zielgruppenorientiert zu denken, wie es im Marketing heißt. Und wer das tut, weiß, daß der Wirtschaftsteil einer Zeitung nicht gelesen wird, weil man sich gut unterhalten will (diese Funktion ist anderen Teilen der Zeitung vorbehalten), sondern weil man eine sachkundige und seriöse und – bei Regionalzeitungen – schnelle Übersicht über das Geschehen in Unternehmen und Märkten bekommen möchte.

Marotten sind ansteckend

Das Verheerende an Marotten ist, daß sie sich wie Viren verbreiten, auch über Ressortgrenzen hinweg. Und so findet man auch außerhalb der Wirtschaftsteile der Zeitungen gerne Überschriften wie die in den Beispielen 64 und 65.

Tabakhändler rauchen vor Wut über hohe Gebühr

64 *Die Erfindung eines Lokalredakteurs: Händler, die man in der Pfeife rauchen kann!*

Kaltblüter heizen Messebesuchern ein

Bayerische Tiere als Aushängeschild für den Freistaat in Berlin

65 *Der Schreiber ist dem Reiz des heiß-kalten Gegensatzes erlegen und hat ihm die Charakteristik der schwerfälligen Pferde geopfert. Dabei wäre es doch so einfach gewesen zu sagen: Kaltblüter sind heiß begehrt.*

Vom Bild zum Bildsalat

Die Metapher, das Sprachbild, kann wunderschön sein, wenn sie die Sache trifft und frisch und unverbraucht ist. Das Risiko besteht aber stets darin, daß man sich mit einem einmal gewählten Bild in ein Umfeld begibt, in dem andere Bilder sich verbieten. Wenn ich mich zum Beispiel entschlossen habe, in meinem Text eine Sache aus dem Ruder laufen zu lassen, entsteht vor dem Auge meines Lesers zwangsläufig ein Boot, und dann kann ich dieselbe Sache schwerlich im nächsten Augenblick entgleisen lassen.

Solche „Entgleisungen" passieren in unseren Zeitungen aber ständig. Der berühmte Zahn der Zeit, der im Sande verrinnt, ist leider mehr als ein Spaß aus Stilistik-Seminaren; der Bildsalat ist in tausenderlei Form in unseren Blättern präsent – und nicht etwa nur in kleinen Lokaltiteln. Betrachten wir dazu Beispiel 66, den Ausschnitt aus dem Kommentar einer überregionalen Zeitung zum Thema „Kulturreisen".

66 *Versuchen wir doch einmal, die in dem unterstrichenen Passus enthaltenen Sprachbilder zu verstehen. Also, da ist eine Klammer; die wird verbogen. Und sie hat eine Grundlage (was immer das ist bei einer Klammer), und auf der wiederum soll etwas sprießen. Wieso die verbogene Klammer den Sprießvorgang behindern soll, bleibt das Geheimnis des Autors. Ein typischer Fall von Bildsalat.*

Größtes Beet für Bildsalat: der Kommentar

Der Kommentar ist einer der beliebtesten Orte für Bildsalat. Das scheint daran zu liegen, daß mancher Kommentator meint, nur mit Hilfe von Bildern könne er kraftvoll seine Meinung sagen.

Daß er es auch mit starkem, gutem Deutsch tun könnte, daß er ein gutes, noch nicht abgegriffenes Bild in Szene setzen und dann durchhalten könnte, ist vielen Kommentatoren noch nicht aufgegangen.

Und so wird munter Bildsalat produziert oder – wenn Sie den wissenschaftlichen Ausdruck griechischen Ursprungs bevorzugen – Katachresen, Bildbrüche.

> **Gegen einen Beitrag der Besucher zum Unterhalt kulturell bedeutsamer Stätten ist ja an sich nichts einzuwenden. Wohl aber, wenn damit eine wichtige Klammer einer europäischen Identität verbogen wird, auf deren Grundlage doch das Verständnis sprießen soll, warum jährlich 86 Milliarden Mark für Agrarsubventionen aufgebracht werden sollen. Was wäre eigentlich gegen einen Brüsseler Geldtopf einzuwenden, der einmal nicht der Uniformierung von Wurzelgemüse oder Käse, sondern der Subventionierung von Eintrittsgeldern für europäische Kulturdenkmäler diente?**

Eine Testfrage

Wären Sie in der Lage, in einem 65-Zeilen-Kommentar zum Thema „Tarifautonomie in der Stahlindustrie“ folgende zehn Bilder in folgender Reihenfolge unterzubringen:

Zeichen, die auf Sturm stehen · einen Brennpunkt · einen Bumerang · eine Meßlatte · einen Kampf, der gefochten wird · eine Grenze · einen Teufel, der das Weihwasser scheut · eine Schlüsselrolle · Hände, die in den Schoß gelegt werden · ein Schiff, das an Klippen zerschellt?

So herum wird Ihnen die Aufforderung wie eine Zumutung vorkommen, und zu Recht. Tatsache ist aber, daß den Leserinnen und Lesern deutscher Tageszeitungen solche abenteuerlichen Bildkompositionen ungeniert angedient werden, wie Fundstück 67 beweist.

Doch dieses Buch soll nicht nur nörgeln, sondern auch zeigen, wie man es besser macht. Darum finden Sie im Anhang unter Nummer 6 eine Übung zu dem verunglückten Kommentar des Beispiels 67 und ein Lösungsangebot.

Übung 6

67 *Die Unterstreichungen markieren die Sprachbilder, deren Ausgangsbild wohl das Schiff gewesen ist. Wäre der Autor doch dabei geblieben!*

Tarifautonomie am Ende?

Wohin auch immer die IG Metall sich wendet, die Zeichen stehen auf Sturm. Neben dem Stahl-Brennpunkt Ruhrgebiet sind es vor allem die neuen Bundesländer, wo sie um Arbeitsplätze und Löhne, um Glaubwürdigkeit und Lebensperspektiven streitet.

Aber der gewerkschaftliche Einsatz scheint dort zum Bumerang zu werden. Das Beharren der IG Metall auf Einhaltung eines gültigen Tarifvertrags ist ins Gegenteil verkehrt worden, wurde sogar zur Meßlatte für Arbeitsplatzvernichtung hochstilisiert.

Die Gewerkschaft focht den schier aussichtslosen Kampf um eine 26prozentige Lohnerhöhung. Es gibt zuwenig Arbeit – es gab keinen Kompromiß, sondern die vorzeitige Vertragskündigung: Anfang eines Gerichtsstreites, der möglicherweise Jahre dauert und in der Zwischenzeit den Beschäftigten am wenigsten hilft. Die Tarifautonomie ist hier an ihre Grenze gelangt.

Mußten die Tarifparteien so unabänderlich auf ihren Positionen beharren? Die IG Metall scheut eine Flexibilisierung ihrer Tarifpolitik – letztlich auf den Zuschnitt einzelner Betriebe – wie der Teufel das Weihwasser. Es gibt ja auch gute Gründe, Standards zu erhalten; aber es mangelt an der vielbeschworenen Reformfreudigkeit und Phantasie, um der neuen Lage Ost gerecht zu werden.

Fest steht auch, daß Arbeitgeber und manche Politiker in der sächsischen Auseinandersetzung der Lohnpolitik eine Schlüsselrolle zugewiesen haben, die ihr nicht zukommt. Das Dilemma der Firmen sind nicht in erster Linie die Lohnprozente, sondern fehlende Aufträge und fehlende Wirtschaftspolitik. Die Mängelverwalter vor Ort verweisen zu Recht auch nach Bonn. Aber damit dürfen sie die Hände nicht in den Schoß legen, wenn das bewährte Schiff der Tarifautonomie nicht an den immer zahlreicher werdenden Klippen wirtschaftlicher Notlagen zerschellen soll.

Die größten Bildsalat-Lieferanten

Einer der beliebtesten Lieferanten für Bildsalat in deutschen Zeitungen ist das Pflanzenreich. In ihm rankt einiges ähnlich wie in den Köpfen mancher Journalisten. Doch auch die Tierwelt läßt sich bei der Zubereitung von Bildsalat nicht lumpen. Leider finde ich den Ausschnitt nicht mehr, in dem es hieß, den Löwenanteil hätten die Bären. Darum vergnügen Sie sich bitte (oder weinen Sie) über die Beispiele 68 bis 71.

Um den Tresor eines Gebrauchtwagen-Händlers ranken sich wahre Räuberpistolen

218 000 DM lösten sich in Luft auf

68 *Die erste Pistole, die sich rankt.*

Disteln stacheln an

Zentrum gibt Mißhandelten Lebenshilfe

Disteln nennen sie sich, anstacheln wollen sie, auch manchmal piesacken, aber auch innere Weiche gelten lassen – und schließlich sind sie so vielseitig wie Disteln (es gibt rund 450 Arten). Ziel des Vereins Distel ist die Beratung von Frauen in verzweifelter Lage. Die psychotherapeutische Beratungsstelle, die sie vor elf Jahren ins Leben riefen, hat sich mittlerweile zum Koordinationszentrum aller Frauenberatungsstellen in Nordrhein-Westfalen gemausert.

69 *Flora und Fauna sind ein wenig durcheinandergeraten bei der Distel, die sich mausert. (Das in diesem Beispiel anzutreffende Betroffenheitsgeschwafel und der überzogen induktive Textanfang sind Gegenstand späterer Kapitel dieses Buches.)*

Bürokraten-Gestrüpp läßt 13 Arbeitslose im Regen stehen

70 *Haben Sie schon einmal unter Bäumen Schutz vor Regen gesucht? Dann fragen Sie sich sicher, wie die Bilder dieser Überschrift zusammenpassen sollen.*

Die Währungsschlange wankt

Hintergründe zur Abwertung des Irischen Pfunds

71 *Es hat einen eigenen anatomischen Reiz, sich bei einem Wesen, das nicht von einem Fuß zum anderen treten muß, ein Wanken vorzustellen.*

> (30. Juni) mit 7600 Mitarbeitern auf einen Umsatz von 1,4 Mrd DM. Davon entfielen 380 Mio DM auf eine Tochtergesellschaft, die in den USA arbeitet. Die RWE-Investitionen in das Umweltgeschäft tragen noch keine Zinsen. Der Entsorgungsbereich schreibt noch rote Zahlen.
>
> Auch die Ruhrkohle AG sucht Chancen im subventionsfreien Bereich. Und sie verdient mit dem Umweltschutz sogar Kohlen. Die Tochtergesellschaft mit Sitz in Bottrop lenkt 30 Spezialfirmen mit über 3000 Mitarbeitern. Die Ruhrkohle Umwelt GmbH strebt für 1992 einen Umsatz von einer Milliarde an. Besonders in Ostdeutschland hat sie in der Bodensanierung ein lohnenswertes Arbeitsfeld gefunden.
>
> Die Bodensanierung ist auch ein Thema für das Duisburger Handelshaus Klöckner & Co. Die Tochtergesellschaft Klöckner-Oecotec kann auf Erfolge in der Bodensanierung hinweisen. Die Gesellschaft zielt auf die Zukunft. Jörg A. Henle, scheidender Chef von Klöckner Handel: „Wir haben viele Knospen. Auf die Blüten warten wir noch." Mit Blüten sind die Gewinne gemeint.

72 *Bei diesem Bildsalat aus dem Wirtschaftsteil kann man nur sagen: Es wäre ja verheerend für Klöckner Handel, wenn einer die Knospen abschießen sollte!*

Wie kann man Bildsalat vermeiden?

Mutter Natur mit all ihren Erscheinungen ist eine sehr großzügige Lieferantin für Bilder. Sie liefert uns die Flaute in der Wirtschaft genauso wie den Sturm der Entrüstung, aber sie kann natürlich nichts dazu, daß ein Redakteur das Wesen der Flaute verkennt und eine Schlagzeile wie in Beispiel 73 formuliert.

> **Die Flaute hat Essen fest im Griff**
>
> 26 489 Arbeitlose – neuer Höchststand

73 *Die Flaute ist eine Windstille. Sie hat keine Hände und kann nichts im Griff haben.*

Wie also läßt sich Bildsalat vermeiden? Dazu gibt es einen ganz einfachen Tip: Kritzeln Sie den beschriebenen Vorgang auf ein Schmierpapier.

Schlagen Sie doch noch einmal zurück zu dem Kommentar 66 auf Seite 51, dem mit der verbogenen Klammer. Was glauben Sie: Wenn der Kommentator seine Klammer skizziert hätte (die, auf deren Grundlage das Verständnis sprießt) – wäre der Satz dann so stehen geblieben?

Bestimmt nicht. Moment, hätte er gedacht, wo „sprießt" es hier denn? Und wieso kann das Verbiegen das Sprießen beinträchtigen?

Das Visualisieren von Bildern mit einfachsten Kritzeleien hilft nicht nur, Bildsalat zu vermeiden, sondern läßt geplante einfache Bilder auch in einem neuen Licht erscheinen.

Der gelbe Sack drängt die graue Tonne schon in Kürze ins Abseits

74 *Visualisieren hilft: Wer einmal dem gelben Sack Hände gemalt hat, die die graue Tonne vom Spielfeld drängen, der verzichtet wahrscheinlich auf solchen Blödsinn.*

Frischgebackene Pensionäre verabschiedet
Oberstadtdirektor Freudenberger zeichnete gestern auch zwei Silber-Jubilarinnen aus

75 *Wer neben die Pensionäre vorsichtshalber ein Brötchen malt, der läßt sie wohl doch besser aus dem Ofen und verabschiedet sie ungebacken.*

„Ich kann aber gar nicht malen!“

Wenn Sie Ihre Bilder kritzeln, geben sie keinem was zum Witzeln – so könnte die Devise lauten, wenn es da nicht Menschen gäbe, auch unter Journalisten, die schon seit Schulzeiten und obstinat der Meinung sind, sie *könnten* nicht zeichnen. Solchen Menschen kann man mit Ratschlägen dieser Art nicht kommen.

Sie gehören dazu? – Keine Sorge: Auch Ihnen kann geholfen werden. Sie brauchen sich nur vorstellen, Sie hätten einen Karikaturisten zu beauftragen, Ihnen eine Bild-Idee zu liefern. Da werden Sie schon merken, daß der vieles zeichnen kann. Aber den Lotsen, der von Bord geht, als frischgebackenen Pensionär im Regen stehen lassen – das kann er bestimmt nicht.

Der Merkspruch zum Bildsalat für alle, auch die „Ich-kann-aber-nicht-malen“-Menschen, lautet deshalb:

Marotten

Der Journalist
als Modegeck

Dieses Kapitel ist das kurzlebigste des Buches – oder könnte es zumindest sein. Denn es handelt von Marotten, Sprachmoden, und da können bestimmte Erscheinungen so schnell wieder verschwinden, wie sie gekommen sind. Genau das wäre denen aus unserer Momentaufnahme auch zu wünschen.

Die modischen Wörter und Wendungen

Die folgende Marottenliste erhebt nicht den Anspruch, vollständig zu sein. Es wäre aber schon viel gewonnen, wenn wenigstens die darin versammelten Wörter und Wendungen wieder nur dort verwendet würden, wo sie wirklich passen, statt einem als modische Anbiederung völlig sinnlos allenthalben zu begegnen – so wie die Baseball-Mützen mit dem Schirm nach hinten, die eine Zeitlang erst alle modisch orientierten Kinder so trugen und dann alle, die sich für jung geblieben hielten.

Viele – aber keineswegs alle – Marotten sind übrigens Sprachbilder; metaphorische Ausdrücke sind für eine inflationäre Verwendung besonders anfällig.

Palette

Ob bei Veranstaltungen oder bei Ausstellungen: Wo immer verschiedene Angebote zusammenkommen, taucht die (bunte) Palette auf, besonders gern in der Wendung Die Palette reicht von... über... bis...

Bandbreite

Statt der Palette wird gegebenenfalls die Bandbreite bemüht, meistens als große Bandbreite, eventuell auch das Spektrum; aber auch die beiden reichen fast immer von... über... bis...

Schraube/Spirale/Karussell

Wie im letzten Kapitel schon dargestellt, geht es schwer rund in Deutschland: von der Steuerschraube über die Preisspirale bis zum Personalkarussell.

Welle/Flut

Der deutsche Journalist sieht sich hilflos Naturgewalten ausgesetzt: Asylantenflut, Grippewelle, Klagewelle, Welle der Gewalt, Rückreisewelle usw.

Auf den Journalisten und seine bemerkenswerte Beziehung zu höheren Mächten gehen wir in einem späteren Kapitel ein.

Opfer fordern

Unbekannte Gottheiten müssen es wohl sein, die da unablässig die Todesopfer fordern.

...-lage

Die Lage kommt als Sicherheitslage genauso vor wie als soziale Schieflage und in anderen Verbindungen. Der Vorteil für die Benutzer dieser Wörter: An der Lage ist niemand schuld, die soziale Schieflage ist quasi gottgegeben, während für eine Ungerechtigkeit ja jemand verantwortlich wäre, einer, der ungerecht ist. Durch solche Wendungen wird der Unrechtstäter dem Leser verheimlicht, eine Maßnahme, die dem Auftrag des Journalisten bestimmt nicht entspricht.

Bereich

Die Schule hat in deutschen Zeitungen ausgedient; es lebt der schulische Bereich. Es gibt überhaupt *nur* noch Bereiche: Unternehmensbereiche, Aufgabenbereiche, Zuständigkeitsbereiche usw. Die Wortmarotte stammt aus der Sprache der Bürokraten, deren Einfluß auf das Deutsch der Journalisten wir leider das gesamte nächste Kapitel widmen müssen.

Ängste

Der unnötige Plural des starken Wortes Angst kommt aus dem Betroffenheitsdeutsch der Soziologen, die – inzwischen angegraut – Ende der 70er Jahre begonnen haben, die Redaktionen zu überschwemmen. Sie haben dabei selbst vor verschärftem Unsinn keinen Halt gemacht: Die Menschen bei ihren Ängsten abholen ist leider keine Erfindung der Autorin.

Befindlichkeit

Das Betroffenheitswort für welchen Zustand von Menschen auch immer, schlimmer noch als Plural Befindlichkeiten.

gezielte Maßnahmen ergreifen

Wo immer Bürokraten etwas tun, ergreifen sie gezielte Maßnahmen. Dabei gibt es gar keine ungezielten Maßnahmen.

das drohende Aus

Wenn irgendwo demnächst etwas beendet werden soll, droht das Aus – selbst dann, wenn es unter den Lesern möglicherweise Leute gibt, die dieses Aus gar nicht so sehr als Bedrohung empfinden.

hochkarätig

Etikett für bekannte oder teure Leute, besonders bei Diskussionsrunden; neuerdings auch als Marotte im Sport: hochkarätige Chancen.

fieberhaft

Besonders verbreitet in den Wendungen fieberhaft suchen und fieberhaft an etwas basteln. Gemeint ist meistens mit aller Kraft oder intensiv.

humanitär

Der Renner ist: humanitäre Hilfe leisten, auf Deutsch: den Menschen helfen. Beim humanitären Bundeswehreinsatz bleibt offen, was genau passiert: Verteilen die Soldaten Essen? Oder Medikamente? Stellen sie Ärzte?

rund um

Verlegenheitsfloskel, besonders beliebt in der Berichterstattung über Messen und Ausstellungen. Bei der Equitana gibt es sicherlich alles rund ums Pferd, und bei der Domotechnica alles rund um den modernen Haushalt, es sei denn, der Schreiber habe sich entschlossen, doch lieber das Pferd im Mittelpunkt stehen zu lassen (siehe weiter unten).

von... über... bis...

Die klassische Hochstaplerwendung wird so schnell nicht aus der Mode kommen. Meist weiß der Autor nicht mehr als genau die drei Dinge, die er so verbindet; doch erweckt er den Eindruck, er wisse viel mehr.

Von... über... bis... ist so etwas wie das schriftliche Pendant des noch dümmlicheren und, und, und der gesprochenen Sprache.

Das Angeberdeutsch treibt in der gesprochenen Sprache der öffentlich-rechtlichen Sender, die sich ja bezeichnenderweise „Anstalten" nennen, übrigens noch andere Blüten, die in der geschriebenen Sprache gar nicht möglich sind, weil sie nur mit Hilfe der Betonung funktionieren.

Ich meine die völlig abartige, aber weit verbreitete Betonung von Präpositionen innerhalb einer Aufzählung, etwa so: in Gesprächen mit Sozialpädagogen, mit Psychologen, mit Drogenberatern – mit jeweils heftiger, aber widernatürlicher Betonung auf mit.

schier

Besonders beliebt als schier unglaublich. Kommt bevorzugt in lokalen Kulturteilen vor und heißt gar nichts; es hat nur den Zweck, alles gesuchter klingen zu lassen.

auf hohem Niveau

Häufig als Stabilisierung auf hohem Niveau – als unkritische Übernahme aus Pressemitteilungen, die die Mitteilung verwässern wollen, daß kein Fortschritt erzielt worden ist. Helmut Kohl, als er noch Kanzler war, hat die Marotte einmal glossiert: Wir jammern auf hohem Niveau.

im Mittelpunkt/Zentrum des Interesses stehen

Beliebte Floskel, wenn man nicht weiß, *wer* sich für eine Ausstellung, Veranstaltung usw. interessiert.

mobil machen

Ein Wort aus der Kriegskiste. Will sagen: nicht nur mit Worten, sondern durch Aktionen protestieren. Sensible Menschen meiden die Mobilmachung genauso wie die Verkaufsfront.

den Aufstand proben
protestieren.

den Schulterschluß proben
sich verbünden.

sorgen für
Eine Mutter sorgt für ihre Kinder. In unseren Zeitungen aber sorgt Abfall für Streit, die Vereinigung für Probleme, der Wind für eine turbulente Nacht usw.

sich ein Stelldichein geben
sich treffen, wenn die Leute hochkarätig sind.

Zeichen setzen
In der Extremform ein sichtbares Zeichen setzen gegen. Leerformel für alles, was medienwirksam gegen Rechts inszeniert wird. Man fragt sich, wie jemand ein *un*sichtbares Zeichen setzen kann.

im Vorfeld
Diese schwammige Zeitbestimmung, dem blutrünstigen Deutsch der Schlachtfelder entnommen, ist so beliebt, daß ein Journalist ihm bereits den Titel eines Sprachbuches gewidmet hat: Im Vorfeld wird zurückgeschossen. Benutzt wird es selbst im Zusammenhang mit eher anmutigen Ereignissen wie Modewochen: Im Vorfeld der IGEDO.

76

Ein Stelldichein der Riesen

Unverkennbar italienische Gesichtszüge prägen das Antlitz von Rugiada of the Thatch Roof (Foto) aus Gau-Algesheim. Die 15 Monate alte mehrfach preisgekrönte Hündin der Rasse Mastino Napoletano war Teilnehmerin der 4. Jahressieger-Zuchtschau des Clubs für Molosser gestern im ostthüringischen Zeulenroda. Zweihundert der außergewöhnlich großen Molosser-Hunde waren bei der ersten Zuchtschau in Ostdeutschland seit 1933 zu sehen. Foto: dpa

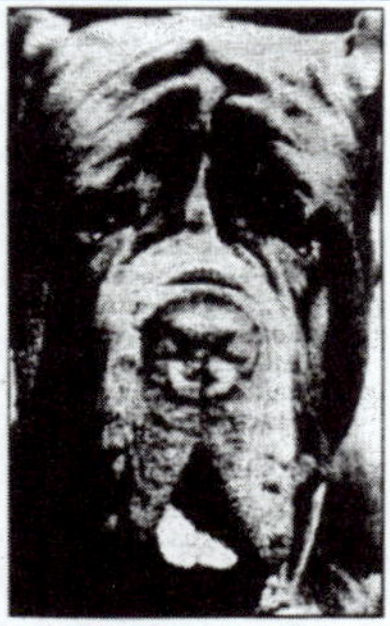

Ein Stelldichein der Riesenhunde in Zeulenroda
Molosser-Zuchtschau wurde zum ersten Mal seit 1933 wieder in Ostdeutschland durchgeführt

77

Ein Stelldichein von gutartigen Hunderiesen
Zeulenroda: Erste Molosser-Zuchtschau seit 1933 im Osten

78

76 bis 78 Nichts demonstriert die marottenhafte Verwendung von sich ein Stelldichein geben besser als die Verwendung in den Schlagzeilen zu einem Ereignis, gefunden in drei verschiedenen Zeitungen.

[redacted]. Welch ein Auftakt! Welch ein Vergnügen! Das erste Festival der „Union der Theater in Europa“, bei dem sich zehn Bühnen aus neun europäischen Städten bis zum 27. November im Düsseldorfer Schauspielhaus ein Stelldichein geben, begann mit einem umwerfenden theatralischen Ereignis: Giorgio Strehler und sein Piccolo Teatro di Milano zeigten einen der „Klassiker“ aus ihrem Repertoire, die 1964 zuerst präsentierte, in jüngster Zeit wieder aufgefrischte Inszenierung von Carlo Goldonis venezianischer Volkskomödie „Le Baruffe Chiozzotte“ (Krach in Chioggia). „Ein Gelächter, ein Gejauchze von Anfang bis Ende“ schrieb Goethe, der Goldonis Stück einst gesehen hat, in seiner „Italienischen Reise“. Genau so läßt sich auch die „Stimmung“ beschreiben, die am ersten der drei Gastabende im Düseldorfer Schauspielhaus vehement um sich griff.

79 **80** *Das Stelldichein, das Leute sich geben, hatte seinen Ursprung im Kulturteil und hat sich von da aus seuchenhaft bis zu den Hundeausstellungen verbreitet.*

Sieger beim gelösten Stelldichein

Folkwang-Hochschule: Preisträger-Konzert '92

80

„Denkmalpflege braucht mehr als alles andere eine Lobby“

Mehr als 300 historische Stätten standen gestern im Mittelpunkt

81 *Man möchte meinen, ein Punkt, auch ein Mittelpunkt, sei nicht groß genug, um gleich dreihundert historische Stätten zu beherbergen. Nicht so Deutschlands Journalisten, die alles – inklusive Abstrakta – in imaginäre Mittelpunkte zu stellen in der Lage sind.*

82 *bis* **93** *Luther hat gesagt: „Gott sorgt, aber wir sollen arbeiten“. Heute sorgen in deutschen Zeitungen Rechnungen für Ärger* und *Bauerndeppen für Aha-Effekte. Ach, wie schön war es vordem, als eine Mutter noch für ihre Kinder sorgte!*

Rechnungen, die für Ärger sorgen

Mieterin fühlt sich von der Wohnstätte übervorteilt

82

Lokale Gewitter sorgten für überflutete Straßen, umgestürzte Bäume und vollgelaufene Keller. Zahlreiche Straßen waren – wie hier in Völklingen – kaum noch passierbar. [redacted]-Foto: dpa

83

Ferienbeginn und Ozon sorgten für Staus

84

Autoruhe im Tal sorgt für Aufruhr

Nachbarn fordern Rücknahme der Sperrung

85

Auslandsschulden sorgen für Minus in der Zahlungsbilanz

„Finanzloch“ hat sich 1994 fast verdoppelt

86

Die Umsatzsteuererhöhung sorgt bei den Verbrauchern für Unsicherheiten

87

TA „Siedlungsabfall“ sorgt für Streit über Müllverbrennung

Im Bundesrat wieder vertagt / 100 neue Müllöfen notwendig / Der Bund soll die Kosten mittragen

88

Vereinigung sorgt für Rechtsprobleme

89

Connewitz nach der nächtlichen Schlacht: Ein Stadtteil brennt

Radikale Szene sorgt in Leipzig für Unruhe

90

Personeller Verschleiß und Sparkurs sorgen für Unzufriedenheit bei der Kieler SPD

91

Milchquoten-Streit sorgt für erhebliche Unruhe in der EU

92

Bauerndeppen sorgen in Hagen für Aha-Effekt

Weltpremiere für den etwas müden „Al Gringo“-Streifen

93

Süßwaren auf hohem Niveau stabilisiert
Heißer Sommer schlecht für Schokoladenumsätze / Süßwarenmesse in Köln

94

Auf dem Rauschgiftmarkt „Stabilisierung auf hohem Niveau"
Zahl der Drogenopfer im Jahr 1992 leicht rückläufig / Von [redacted]

95

Klasse statt Masse auf hohem Niveau

96

94 bis 96 Die Marotten haben sogar die Schlagzeilen erobert, wie auch die Sammlung auf hohem Niveau zeigt. Das ist bedenklich. Schließlich sollen die Schlagzeilen die Leser gewinnen, sie neugierig machen auf einen Beitrag. Wie soll das auf diesem Niveau gehen?

Von beerdigten Marotten

Es ist schön, von Zeit zu Zeit eine Marotte beerdigen zu können. Zum Beispiel ist eines der beliebtesten Komposita des Jahres 1993, die Gerechtigkeitslücke, schon im Folgejahr von der Zunft zu Grabe getragen worden, in aller Stille übrigens.

Kaum noch jemand erinnert sich inzwischen der Gerechtigkeitslücke, und dies, obwohl die Welt seitdem keineswegs gerechter geworden ist. Auf dem Grabstein steht: Gerechtigkeitslücke · 1992 – 1993 · Requiescat in pace!

Ja, sie ruhe in Frieden. Mögen ihr bald weitere Marotten folgen. Die Gruft für die Steuerschraube ist schon reserviert, und vielleicht kann auch das Vorfeld schon bald unter den Acker.

Ernst Jandl, der begnadete Sprachjongleur, möge es verzeihen, wenn ich hier mein Lieblingsgedicht aus seiner Werkstatt abwandle:

Wir sind die Wörter auf den Wiesen/
Bald sind wir Wörter unter den Wiesen/
Und werden Wiesen und werden Wald/
Das wird ein heiterer Landaufenthalt.

Merkspruch gilt der schlimmsten Marotte

Nach meiner Beobachtung ist die derzeit am weitesten verbreitete Marotte die mit sorgen für. Ihr gilt darum der Merkspruch für das ganze Sortiment – ein echter Macho-Spruch übrigens, genauso unerträglich wie die Marotten selbst:

Kohl sperrt sich gegen Steuererhöhungen
Koalition legt letzte Hand an Solidarpakt – Umstrittene Gerechtigkeitslücke

97 *In memoriam Gerechtigkeitslücke*

Der Verkehr „sorgt“
nicht für Stau,
der Abschluß nicht
für Stunk am Bau.
Für den Schreiber,
wenn er schlau,
sorgt vielleicht
‘ne kluge Frau.

Von der Manie, die Begriffe zu wechseln

Eine Marotte, die man erst beim Lesen zusammenhängender Texte als solche begreift, ist die Zwangsvorstellung, man müsse bei der zweiten Erwähnung eines Erzählgegenstandes unbedingt den Begriff wechseln, um aus München die Isarmetropole, aus Stuttgart die Schwabenmetropole und aus der Bundesgartenschau die Blümchen-Olympiade zu machen.

Das Fahrrad wird so zum Drahtesel, der Bär zu Meister Petz, die Lufthansa zur Kranichlinie und Boris Becker zum Leimener. Das alles haben Deutschlands Medienkonsumenten x-fach gehört und gelesen und finden es daher langweilig, albern und nervtötend.

> **Frankfurt** – Der schier unaufhaltsame Sturzflug der Lufthansa scheint beendet: Nach einem Halbjahresverlust von 542 Millionen Mark weist das Neun-Monats-Ergebnis der Kranich-Linie nur noch einen Verlust vor Steuern in Höhe von 262 (Vorjahr: 159) Millionen Mark aus. Auf das

98 *Wie der Donner auf den Blitz folgt auf die Lufthansa die Kranichlinie. Warum nicht einfach bei der zweiten Erwähnung des Unternehmens? Oder wie wäre es mit ein wenig Recherche und einer kleinen Zusatzinformation, etwa von Europas x-größter Fluglinie?*

> **Ehedrama: Bäcker steckte Haus an**
>
> Weil seine Frau ihn verlassen wollte, erschlug ein 59jähriger Bäckermeister aus seine 50jährige Lebensgefährtin und steckte anschließend das gemeinsame Haus an. Die Feuerwehr fand auch seine verkohlte Leiche.

99 *Da hat also ein Bäckermeister seine Lebensgefährtin erschlagen, weil seine Ehefrau ihn verlassen wollte, oder wie? Und warum hat er dann das mit seiner Lebensgefährtin geteilte Haus angesteckt und ist – wie es scheint – mit ihr darin verkohlt?*

Nicht nur nervtötend, sondern richtig ärgerlich wird die Begriffswechselmanie dort, wo sie dem Verständnis der Vorgänge im Wege steht, so wie in Beispiel 99 auf der letzten Seite unten.

Erst in der Rückschau geht dort dem Leser auf, daß seine ganz natürliche Annahme, die Ehefrau und die Lebensgefährtin seien verschiedene Personen, ein Irrtum war und er einem Fall von Begriffswechselmanie aufgesessen ist.

Wie Zeitungslektüre doch spannend sein kann: Jeder Leser ein Sherlock Holmes! Und er darf sogar noch dafür bezahlen.

Ja, aber wie hätte der Schreiber es denn besser machen können, ohne sich dauernd zu wiederholen? – Die Frage ist berechtigt und gibt Anlaß zu einer Übung mit drei Lösungsvorschlägen.

Die deutsche Sprache, die zum Ersatz der Nomina die *Pro*nomina, für die *Haupt*wörter also die *Für*wörter, vorsieht, scheint bei der Befriedigung dieses Dranges nicht zu helfen. Und so greifen die Schreiber denn, wenn sie von der Lufthansa reden, nur bei der ersten Erwähnung zu diesem Begriff, bei der zweiten aber sprechen sie von der Kranichlinie.

Umweltabgabe für Friseure geplant

Haarstylisten müssen neu kalkulieren

100 *Sind die Haarstylisten nun eine Teilmenge der Friseure, die von der geplanten Umweltabgabe besonders betroffen sind? Oder handelt es sich nur um einen weiteren Fall der Begriffswechselkrankheit?*

Übung 7

Schuld sind die Deutschlehrer

Im Fußball-Jugendbereich nimmt Gewalt gegen Schiedsrichter zu

Blaue Flecken für Schwarzkittel: Dem Sport laufen die Schiris weg

Wie kommt nun eine solche Marotte zustande, fragt man sich, und die Antwort liegt nicht fern. Ein furchtbares Verdikt aus Schülertagen scheint in den meisten Journalistenköpfen herumzuschwirren: Man dürfe innerhalb eines längeren Textes die Bezeichnungen für Personen und Erzählgegenstände nicht dauernd wiederholen.

101 *Ganz und gar problematisch wird die Begriffswechselmanie dort, wo der Ersatzbegriff auch noch einer ist, den nur ein Teil der Leser überhaupt kennt, wie in dieser dreigliedrigen Überschrift: Schiedsrichter, Schwarzkittel, Schiris – drei verschiedene Wörter für ein und denselben Personenkreis. Wer soll bei dieser Begriffsverwirrung noch mithalten?*

Wie man's besser macht

Die dreigliedrige Überschrift zu dem Friseur-Thema aus Beispiel 100 ließe sich elegant zu einer zweigliedrigen machen: Umweltabgabe für Friseure geplant · Wird Haareschneiden jetzt teurer? Diese Formulierung vermeidet den verwirrenden Begriffswechsel und rückt zugleich den einzigen den Leser interessierenden Aspekt in den Mittelpunkt.

Auch für das Schiedsrichter-Beispiel läßt sich eine Lösung finden. Die Formulierung Blaue Flecken für Schwarzkittel mit ihrem schönen Wortspiel aus blau und schwarz sollte dabei jedoch nicht geopfert werden. Vorschlag: Wachsende Gewalt in der Fußballjugend · Blaue Flecken für Schwarzkittel · Schiedsrichter haben genug und gehen. Für alle Zufallsleser des Sportteils, die nicht wissen sollten, was ein Schwarzkittel ist, wird der sachliche Begriff Schiedsrichter so geschickt in den Folgesatz eingebunden, daß erkennbar wird: Schwarzkittel und Schiedsrichter – das können, da sie ja von den blauen Flecken nun genug haben und gehen, nur dieselben sein.

So ganz nebenbei haben wir den Bereich geschlachtet, auch so ein nichtsnutzes Modewort, das die Bürokraten in Umlauf gebracht haben. Statt von der Universität sprechen sie vom universitären Bereich, statt von der Altenheilkunde vom geriatrischen Bereich usw.; ja, selbst der Kindergarten bleibt nicht verschont und wird zum vorschulischen Bereich.

Noch einmal zurück zu Beispiel 101: Eleganter wäre es natürlich, die Überschrift zu entfrachten und sich mit einer zweigliedrigen Aufmachung zu begnügen: Blaue Flecken für Schwarzkittel · Wachsende Gewalt in der Fußballjugend.

Blöder Vierbeiner

wer. In tiefem Lehrer-Rot stand es am Rand des Deutsch-Aufsatzes: „Wiederholung" oder „Mehr Abwechslung im Ausdruck". Der frühe Tadel traf hart, und so wechseln viele Schreiber, vor allem Journalisten, nun ab wie die Besessenen. Ist etwa im ersten Satz einer Meldung von einem Hund die Rede, findet sich im zweiten gewiß der „Vierbeiner", und „Herrchen" und „Frauchen" sind auch nicht mehr weit. Der Elefant wird zum „Dickhäuter", wiewohl auch er vier Beine hat, und der Wal ist nicht mehr Wal, sondern muß als „Meeressäuger" weiterschwimmen. Ist von Vögeln die Rede, mutieren sie im zweiten Satz, vor allem wenn es um die Winterfütterung geht, zu „unseren gefiederten Freunden". Die monotonen Zweitwörter haben mittlerweile den Sprachraum überschwemmt, von München, der Isarmetropole, über Frankfurt, die Mainmetropole, und Köln, die Rheinmetropole, bis nach Winsen, der Luhemetropole. Sie kommen so sicher wie nach dem Glöckchenklang der Speichelfluß der Pawlowschen Vierbeiner, im Winter unsere gefiederten Freunde zum Futternapf und im „Spiegel" der „Gottesmann", wenn von Priestern die Rede ist.

Womöglich treten die Wechselwörter – kurz nach dem Urknall waren sie vielleicht mal ganz witzig oder erklärend – dereinst gar die Alleinherrschaft an – weil „Hund" und „Wal", „Vogel" und „Elefant" so einfach und bieder klingen und jeder zeigen will, daß ihm auch noch was anderes einfällt. Es wird heißen: „Der benimmt sich wie ein Dickhäuter im Porzellanladen." Jonas ist dann im Bauch des Meeressäugers gefangen. Vierbeinerhasser ärgern sich über Vierbeinerhaufen. Schäfervierbeinerhalter füttern ihren Kampfvierbeiner mit Vierbeinerkuchen, lachen vierbeinersgemein, wenn die Nachbarn sich fürchten und niemand es wagt, seinen Ärger zu zeigen: „Sie blöder Vierbeiner." Karl Mays tapferer Hadschi Halef Omar wünscht Feinde mit der todeswürdigen Beleidigung „Du Sohn einer räudigen Vierbeinerin" in die tiefste Dschehenna. Sirius, der Vierbeinerstern, steht an den heißen Vierbeinerstagen am Himmel, Thomas Manns Erzählung heißt „Herr und Vierbeiner" und der deutsche Stalingradfilm „Vierbeiner, wollt ihr ewig leben?".

Wem's zuwider ist, der meide den Abwechslungstick und wiederhole sich, kalt wie eine Hundeschnauze. Deine Rede sei: Hund Hund und Wal Wal. Was darüber ist, das ist (meist) vom Übel.

Aus der FAZ vom 24.8.95. Hoffentlich haben es viele Begriffswechselkranke gelesen!

Dumpf donnert der Stabreim

Wir können das Kapitel „Marotten“ nicht verlassen, ohne uns der deutschesten aller Spracherscheinungen dieser Art zugewandt zu haben: dem überzogenen Stabreim. Um die Lage mit den Mitteln der Verursacher zu beschreiben:

Wehe, wehe, wild wütender Stabreim! Wie wucherst du durch die Wüsten von Blei!

Spaß beiseite? – Keineswegs. Deutschlands Journalisten lieben das germanische Trommelfeuer. Wo immer sich Ihnen eine Gelegenheit bietet, Stammsilben gleichen Anlauts aneinderzureihen, da greifen sie zu, am liebsten dort, wo sich ein flotter Dreier machen läßt.

Der Typus Rocker, Rhythmus und Randale oder Sommer, Sünde und Sandale erfreut sich dabei allerhöchster Beliebtheit.

Besonders Redakteure von Firmenzeitungen und -zeitschriften zeigen auf diese Weise immer wieder gern, daß sie nur zufällig nicht für ein Millionenpublikum schreiben und wahrhaft große Schreiber in ihnen stecken.

Die auf diesen Seiten zusammengetragenen Beispiele stammen aber nicht aus der Firmenpoesie, sondern aus Zeitungen, die es am Kiosk gibt.

102 **Handball-Hit als Härtetest**

In Wien, wo der Wahn wohnt 103

104 **Marktwirtschaft am Mann**

Weiser Weltenwanderer 105

106 **Rat und Rad von Rudi im neuen Riesenladen**

107 **Die Lust an der Leistung und das Glück der Gladiatoren**

108

Moribunde Moralisten-Moritat

Gescheiterter Rettungsversuch: Wedekinds „Musik" in Köln

Tolle Tomaten tanzten auf Tischen

109

102 *bis* ***109*** *Manche Alliterationen sind lebendig und machen Spaß (Handball-Hit als Härtetest), andere kommen verkrampft daher. Die Moribunde Moralisten-Moritat ist das offenkundigste Resultat einer Zwangshandlung: Moritaten – das besagt schon das Wort – werden immer von Moralisten vorgetragen. In zwei Seminaren mit insgesamt rund 30 Journalisten wußte übrigens kein einziger, was moribund bedeutet. Doch der Autor des Artikels vertraut darauf, daß die Leser im Latein-Unterricht aufgepaßt haben und erklärt es nicht als „todgeweiht".*

Zugegeben: Die Alliteration ist in einer stammbetonten Sprache wie dem Deutschen etwas Urwüchsiges, in seiner kraftvollen Wirkung kaum zu Überbietendes. Die hier geschilderte Marotte entspringt also eigentlich etwas sehr Positivem: dem Gefühl für eine der Kraftquellen unserer Muttersprache. Doch hier – wie im übrigen fast überall in der sprachlichen Gestaltung und sogar der Gestaltung generell – ist weniger mehr.

Dreigliedrige Konstruktionen mögen ja noch angehen (Weiser Weltenwanderer); aber spätestens beim vierten Glied verkommt die Technik zur Marotte und gibt die Konstruktion der Lächerlichkeit preis, dies besonders bei banalen Stoffen (Tolle Tomaten). Darum der Merkspruch:

Den Leser gern
mit Stabreim locke!
Doch wird's zuviel,
geht er am Stocke.

Bürokratendeutsch

Der Journalist als Beamter

Floskelhafte Sprache ist besonders schlimm, wenn sie aufgebläht daherkommt. Zum Beispiel als Bürokratenbläh, der simple Aussagen wie höhere Erkenntnisse klingen läßt.

Blähdeutsch ist schwer verständlich, braucht unverhältnismäßig viel Platz und ist obendrein häßlich. Dort, wo ein Journalist es nicht selbst formuliert, sondern aus Pressemitteilungen übernimmt, ist es meist zudem – wenn auch sicher in aller Regel ungewollt – Beihilfe zur Verschleierung von Tatbeständen.

Und wieder: Entlarvung durch Übertragung

Die Übertragung auf Alltagssituationen haben wir ja bereits bei der Enttarnung versteckter Bedeutungen als hilfreich kennengelernt. (Sie erinnern sich an den „Schwiegermuttertest"?) Nichts anderes ist es, was Günter Lietzmann in einer genialen Parodie auf das Blähdeutsch der Bürokraten gemacht hat, die bereits 1977 (am 1.10.) in der Süddeutschen erschienen ist. Es handelt sich um einen imaginierten Dialog zwischen einem Regierungssprecher und seinem pubertierenden Sohn, den wir in der Spalte rechts wiedergegeben haben.

Den Regierungssprecher hat der Autor dieser großartigen Parodie nicht von ungefähr gewählt. Es sind ja gerade die

Papa, unser Lehrer hat mir heute zu verstehen gegeben, daß er nicht ausschließen will, daß ich das Klassenziel unter den derzeit gegebenen Umständen möglicherweise nicht voll erreichen könnte. Er hat dabei angedeutet, daß dieses besonders im fremdsprachlichen Bereich auch durch einen Mangel an gezielten Maßnahmen meinerseits verstärkt worden sei. Außerdem hat er durchblicken lassen, auch andere Lehrer hätten ihm signalisiert, meine verbale Beteiligung sei noch außerordentlich ausbaufähig.

Der einigermaßen erschütterte Vater verlor schnell die sonst übliche Zurückhaltung.

Soll daß heißen, daß du sitzenbleibst, weil du in Englisch und Latein nichts getan hast und dich insgesamt zu wenig am Unterricht beteiligst?

Diese Formulierung, Papa, ist sicher überspitzt. Ich würde meinen, daß die auf uns zukommenden Probleme auch durch eine sehr undifferenzierte Analyse meiner Zurückhaltung seitens der mich unterrichtenden Lehrer zu erklären ist. Natürlich übersehe ich dabei nicht, daß mir unreflektiertes Auswendiglernen von Wörtern einer fremden Sprache, die völlig beziehungslos nebeneinanderstehen, nicht eben liegt.

Du hast also zu wenig Vokabeln gelernt?

Ich bin der Auffassung, daß man mit dieser sehr pauschalen Fragestellung dem doch sehr komplizierten Problem kaum gerecht wird. Diese Ansicht wird übrigens von allen meinen Freunden geteilt. Wir sind auch der Meinung, daß die anstehende Problematik nicht durch unglaubwürdiges Moralisieren oder gar Drohen gelöst werden kann. Dagegen versprechen wir uns eine motivationsfördernde Wirkung von finanziellen Anreizen, die natürlich nur langsam greifen würden. Wir überschätzen die bildungspolitischen Auswirkungen solcher finanziellen Stimulanzien durchaus nicht, sehen zum gegenwärtigen Zeitpunkt aber keine praktikableren Möglichkeiten.

Du möchtest also nicht nur deine Ruhe, sondern auch noch eine Erhöhung des Taschengeldes?

Politiker und noch mehr deren besoldete Umfelder, die die Kunst des Produzierens von heißer Luft bis zur Perfektion entwickelt haben. Sie werden sicherlich stets überall dort versuchen, ihren Zuhörern durch aufgeblähte, nebulose Formulierungen den Durchblick zu erschweren, wo sie im Lichte einer klaren Sprache eine schlechte Figur abgäben.

Es kann aber nicht Aufgabe eines Journalisten sein, sich zum Handlanger an der Nebelmaschine zu machen und das verschleiernde Kauderwelsch auch noch in die Gegend zu blasen. Die journalistische Reaktion hat vielmehr genau so zu sein wie die des Vaters in der Diskussion mit seinem bramarbasierenden Sohn.

Was ursprünglich zum Zwecke der Verschleierung unangenehmer Wahrheiten entwickelt wurde, hat sich in jahrzehntelanger Bürokratenkultur mit Pensionsanspruch verselbständigt: Der Bürokratenbläh ist nicht etwa mehr der sprachliche Fluchtversuch von in die Enge Getriebenen, sondern das Alltagsdeutsch ganzer Einrichtungen, die nicht umsonst „Verwaltungsapparate" geheißen werden.

Wie simpel es ist, die Nebelmaschine zu betreiben und mit ihrer Hilfe völlig undurchsichtige, aber bedeutend klingende Formulierungen zu generieren, hat bereits Hermann Glaser in seinem Buch „Das öffentliche Deutsch" (Frankfurt: 1972) dargestellt. Auf Seite 67 stellt er das von einem amerikanischen Beamten ersonnene „automatische Schnellformulierungssystem" vor, zu dem man nur die Begriffe der folgenden Tabelle braucht:

Spalte 1	*Spalte 2*	*Spalte 3*
0. konzentrierte	*0. Führungs-*	*0. -struktur*
1. integrierte	*1. Organisations-*	*1. -flexibilität*
2. permanente	*2. Identifikations-*	*2. -ebene*
3. systematisierte	*3. Drittgenerations-*	*3. -tendenz*
4. progressive	*4. Koalitions-*	*4. -programmierung*
5. funktionelle	*5. Fluktuations-*	*5. -konzeption*
6. orientierte	*6. Übergangs-*	*6. -phase*
7. synchrone	*7. Wachstums-*	*7. -potenz*
8. qualifizierte	*8. Aktions-*	*8. -problematik*
9. ambivalente	*9. Interpretations-*	*9. -kontingenz*

Zu bilden sind beliebige Kombinationen aus den Spalten 1, 2 und 3. Es wird fast immer Unsinn dabei herauskommen; aber er wird sich so anhören wie der überwiegende Teil der „Verlautbarungen" aus den Amtsstuben dieser Welt.

Streckenbeeinflussungsanlagen sind mit Wechselverkehrszeichen ausgerüstete Schilderbrücken, die quer über der Fahrbahn installiert sind. An dicht befahrenen Strecken mit erhöhtem Unfallrisiko wird der Fahrzeugverkehr durch Gebote oder Empfehlungen beeinflußt und auf Gefahren wie Stau oder Nebel hingewiesen. Als Standorte für diese Schilderbrücken sieht das Bundesverkehrsministerium beispielsweise das Autobahnkreuz Stuttgart-Degerloch, die Autobahn Hannover – Magdeburg und den Berliner Autobahnring vor.

110 *Hier ist der Bürokratenbläh ganz offenkundig wortwörtlich übernommen worden.*

ENERGIEVERSORGUNG / Staatliche Verteuerung erfordert internationale Abstimmung

Die umweltpolitische Neuorientierung bei den Energiepreisen verlangt Augenmaß

111 *Mit Hilfe von Bürokratenbläh gelingt es mühelos, im Unklaren zu lassen, wer etwas verlangt. Wenn's doch die Neuorientierung war, ist ja niemand schuld!*

Das Technologie- und Entwicklungszentrum, , steht für den erfolgreich vollzogenen Strukturwandel des Ruhrgebietes. Daneben lockt das Revier mit einem Immobilienmarkt, der im Vergleich mit anderen deutschen Großstädten ein moderates Mietniveau aufweist.

112 *Ist eine Stadt, die ein moderates Mietniveau aufweist, attraktiver als eine, in der die Mieten günstig sind?*

Absage an Sparpläne im Jugendbereich

113 **114** *Von Wolf Schneider und anderen oft beklagt, aber nicht totzukriegen: der Bereich in all seinen bürokratischen Erscheinungsformen.*

Dewes deutete in dem Gespräch auch an, daß er durchaus bereit sei, den Bereich des Wohnungsbaus aus dem Aufgabenbereich des Ministeriums auszugliedern.

115 *So verbreitet wie der Bereich in der Politik ist der Sektor in der Wirtschaft.*

KATAR / Die Grenzstreitigkeiten haben sich beruhigt

Der Erdölsektor bleibt die Hauptstütze der Wirtschaft

Humanitärer Bundeswehreinsatz

Rühe will im Januar Pioniere, Fernmelder und Sanitäter schicken

Hamburg. (dpa) Bundeswehrsoldaten sollen nach dem Willen der Bundesregierung von Januar an in Somalings nicht genug Zeit, um darauf zu warten.

Zuvor hatte der SPD-Fraktionsvorsitzende im Bundes- humanitären Missionen der Vereinten Nationen. Zu diesen Einsätzen zähle auch der Brennpunkt Somalia.

116 *Zum Verschleierungsdeutsch gehören auch die Euphemismen, die schöngeredeten Dinge. Beim humanitären Bundeswehreinsatz hört der Leser keine Schüsse.*

117 *Wo der Komposthaufen wohl sein mag?*

Stadt kompostiert an der Kapazitätsgrenze

Sommerurlaub 1993 bleibt preisstabil

118 *Schön: Der Urlaub wird nicht teurer!*

119 *Eine der größten Unverschämtheiten unter den Euphemismen ist das Gerede von den Unregelmäßigkeiten. In diesem Fall hat die „Unregelmäßigkeit" vermutlich darin bestanden, daß sich jemand unrechtmäßig 1,2 Millionen Mark angeeignet hat. Es ist wirklich zu hoffen, daß er das nicht regelmäßig getan hat!*

Unregelmäßigkeiten bei Schiffbau-Aufträgen

Kurz vor der Währungsunion / Fall vor dem Bundesverfassungsgericht

19. Januar. Bei Schiffbau-Aufträgen westdeutscher Reeder an ostdeutsche Werften kurz vor der Währungsunion 1990 hat es vermutlich Unregelmäßigkeiten gegeben. In Schwerin legte am Dienstag ein parlamentarischer Untersuchungsausschuß, der sich unter anderem mit den sogenannten „Ultimoverträgen" befaßte, einen Zwischenbericht vor. Nach Befragungen des Ausschusses und parallel laufenden Ermittlungen der Staatsanwaltschaft werde nun in einem Fall Anklage erhoben, sagte der Ausschußvorsitzende Rainer Beckmann (SPD). Ein Geschäftsführer der ostdeutschen Maklergesellschaft Baltica habe sich unrechtmäßig 1,2 Millionen Mark angeeignet mit der Begründung, „man wollte das Geld vor der Treuhand retten".

Gegen drei westdeutsche Reeder, die einige der „Ultimoverträge" geschlossen hatten, ermittle die Staatsanwaltschaft noch wegen des Verdachts auf versuchten Kredit- und Subventionsbetrug. Beckmann sagte, in 14 anderen Fällen seien zwischen den Vertragspartnern überzogene Provisionsvereinbarungen nachträglich auf ein gutes Viertel reduziert worden. Der Untersuchungsausschuß war zudem vom Landtag beauftragt, die Frage zu klären, ob Bestechungszahlungen der Grund dafür waren, daß die ostdeutsche Deutsche Seereederei Rostock vor dem Vollzug der Einheit Aufträge für den Bau von sechs Containerschiffen an westdeutsche statt an einheimische Werften vergab. Der Ausschuß beantragte dazu eine Beschlagnahme von Akten bei den westdeutschen Unternehmen, die vom Schweriner Kreisgericht gutgeheißen, von der höheren Gerichtsinstanz aber abgelehnt wurde. Der Fall wurde dem Bundesverfassungsgericht zur Klärung vorgelegt; eine Entscheidung, ob das Karlsruher Gericht die Klage annimmt, steht noch aus.

120 *Das gibt es sonst nur bei der Richterskala, und da sagen sie wenigstens die Stärke dazu. Auf ihrer Seite „Weltchronik" bringt dieselbe Zeitung die Bewilligung eines nach oben offenen Betrages dann gleich noch einmal. Für wie dumm dürfen Politiker Journalisten verkaufen?*

Regierung zahlt Aufbau der Hofburg

Wien. (AP) Vier Tage nach dem verheerenden Brand in der Wiener Hofburg hat die österreichische Regierung einen nach oben offenen Betrag für den Wiederaufbau der historischen Redoutensäle genehmigt.

Verunsicherung über das Europa der Universitäten

Frankreich: Die Probleme, die der Binnenmarkt dem Hochschulwesen bringt, sind noch weitgehend ungelöst

Bonn – Die Veröffentlichung des „Memorandum zur Hochschulbildung" der Europäischen Gemeinschaft ist in Frankreich Anlaß für verstärkte bildungspolitische Diskussionen. Anfang Oktober versammelte sich die Kommission für internationale Beziehungen der Universitäten

Funktion der Hochschulausbildung. Zwar betont das Memorandum die bedeutende Rolle der Universitäten für das „kulturelle Erbe Europas", doch im wesentlichen basiert seine Argumentation auf den Wirtschaftsinteressen der EG. Die französischen Universitäten und Grandes Ecoles haben in einem ge-

fenden Studienjahr verbringen vier bis fünf Prozent der europäischen Hochschüler eine Zeit im Ausland, 1986 waren es nur 0,5 Prozent. Damit ist man freilich immer noch weit von dem angepeilten Ziel (zehn Prozent) entfernt, und für eine stärkere Ausweitung fehlt das Geld. Hinzu kommen die Probleme der

auf die Zustimmung der französischen Hochschulen, die befürchten, daß die Universitäten damit ihre Vielfalt einbüßen. Besser sei es, wenn sich Partnerhochschulen zusammenfinden, die selbst einen Modus entwickeln, um Studenten einen Auslandsaufenthalt ohne Zeitverlust einzuräumen.

französischen Hochschulen strömen. Außerdem ergebe sich das Problem der Kapazitätsfestsetzung: Bislang wurden an französischen Hochschulen gerade so viele Ärzte ausgebildet, wie das Land brauchte. Diese Frage erfordert eine gemeinsame Regelung durch die EG-Mitgliedsstaaten. Und hier ergäbe sich für

121 *Man stelle sich vor, ein Mann sagte zu seiner Frau: Die Präsentation Deiner versalzenen Suppe gibt mir Anlaß zu einer verstärkten ernährungspolitischen Diskussion!*

Die Staats- und Regierungschefs sagten zusätzliche Anstrengungen zur Stärkung der europäischen Wettbewerbsfähigkeit und zur Bekämpfung der Arbeitslosigkeit zu. „Mit großem Interesse" nahmen die Teilnehmer vom Bericht des Rats für Wettbewerbsfähigkeit unter Vorsitz der früheren italienischen Regierungschefs Carlo Azeglio Ciampi Kenntnis, der Stärken und Schwächen der europäischen Wirtschaft aufzeigt. Behutsam beurteilten sie den Bericht der „Molitor-Gruppe" zur Vereinfachung und Deregulierung. Sie beauftragten die EU-Kommission, in Kürze konkrete Maßnahmen zur Vereinfachung von Verwaltungsvorschriften vorzuschlagen.

122 *Heiße Luft, nichts als heiße Luft! Da dürfen auch die konkreten Maßnahmen nicht fehlen. Dabei soll die Kommission nichts weiter tun, als bald Vorschläge für eine einfachere Verwaltung zu machen. Da können sie ja gleich mit dem Redigieren der Pressetexte anfangen.*

123 *Wo das Blähdeutsch so köstliche Konstruktionen hervorbringt wie die Ost-West-Verschiebung der Brotliebhaber, da möchte man es schon fast wieder liebgewinnen.*

Spitze. Wie der Präsident des Verbandes, Anton Hammel, gestern in Düsseldorf erklärte, gibt es in Deutschland wieder eine Ost-West-Verschiebung der Brotliebhaber. Nach ersten Experimenten mit dem „westlichen Backstil" muß die Brotindustrie nun feststellen, daß die ostdeutschen ihren altbekannten Produkten die Treue halten. Sie kaufen besonders gern Kastenbrote, kleine Brötchen und Weihnachtsstollen ohne Rosinen. Insgesamt sind

Man glaubt es kaum!

In den Seminaren habe ich bei diesem Thema eine Reserve unter den teilnehmenden Journalisten bemerkt. So bürokratisch wie behauptet gehe es aber in den Zeitungen bei weitem nicht zu. Darum war es leider nötig, einfach einmal anhand von drei Seiten Beispielen zu zeigen, *wie* schlimm es zugeht.

Die Redaktionen sind infiziert

Wer Tag für Tag mit unverdaulichem Zeug gefüttert wird, der scheidet wahrscheinlich mit der Zeit auch Ungesundes aus. So hört man zum Beispiel Menschen, die einem an sich als friedliebend bekannt sind, in Diskussionen von ihrer Marschroute bei der Eroberung von Märkten reden, und davon, was sie im Vorfeld der Messe planen – an Aktivitäten natürlich.

Man hört zu viel dergleichen, man liest zu viel dergleichen, und man stumpft ab. Eigentlich müßte man ein Sparschwein in allen Redaktionen aufstellen, in das jeder eine Mark werfen muß, sobald er bei einem Bürokratenschnack ertappt wird. Wann immer dann irgendetwas erfolgt, würde es in dem Sparschwein klingeln. Und bei konkreten Maßnahmen, die auch noch durchgeführt werden, kämen gleich 2 Mark in die Gemeinschaftskasse.

Übung 8

Bevor wir uns an ganze Satzfolgen im Blähdeutsch wagen, wollen wir eine kleine Übersetzungsübung für einfache Blähsätze machen. Dabei sollten wir uns aber zunächst die typischen Eigenschaften des Blähdeutschen bewußt machen. Die erste ist die Nominalisierung.

Tu Gutes, nimm Verben!

Wo im normalen Deutsch etwas getan wird, wird im Blähdeutsch eine Maßnahme ergriffen; wo das Wetter sich ändert, erfolgt ein Wetterumschwung; und wo jemand ein Werk aufführt,

AKTION

Wir sind sehr stolz auf unsere Leserschaft

Fast 17 000 Mark für Igor

124 *Nicht immer kann man die Schuld an bürokratischen Formulierungen auf verdorbene Vorlagen aus Pressestellen schieben. Hier zum Beispiel hat eine Redaktion in eigener Sache aus ihren Lesern unnötig bürokratisch die Leserschaft gemacht.*

kommt das Werk zur Aufführung. Das ist zwar komisch, weil eigentlich das Publikum zur Aufführung kommt und nicht das Werk; aber so ist das mit dem Blähdeutschen: Es macht aus Verben Nominalverbindungen, aus guten, starken „Tu-Wörtern“ (wie einst die Volksschullehrer sagten) schlappe Zusammensetzungen von „Dingwörtern“ mit einem müden „Tätigkeitswort“.

Tu' was,
mach' was,
schreibe stark!
Pack das Blähdeutsch
in den Sarg!

Sei aktiv!

Das zweite Charakteristikum des Blähdeutschen ist seine Neigung, alles im Passiv auszudrücken. Statt daß jemand etwas tut, wird etwas getan: Eine Maßnahme wird ergriffen. Während die Nominalisierung nur häßlich ist, ist die die Passivierung gefährlich: Sie verschweigt den Täter. Wenn eine Maßnahme ergriffen wird, erfahre ich nicht, *wer* sie ergreift.

Dabei lernt doch jeder Volontär bereits zu Beginn seiner Ausbildung, daß sein Artikel bitteschön auf die berühmten W-Fragen Antworten zu geben hat, und das allererste „W“ gilt nicht ohne Grund dem Täter: „Wer?“

Wählen Sie deshalb starke Verben statt blasser Nomina und dazu die aktive Form. Sie sollen sehen, wie vital Ihre Texte werden – so vital wie der Merkspruch zum Blähdeutsch, welcher lautet:

Solchermaßen gestärkt können wir an eine etwas schwierigere Übung zur Blähdeutsch-Enttarnung gehen. Auch zu ihr gibt es selbstverständlich wieder Lösungsvorschläge.

Übung 9

In Übung 9 haben Sie unter Aufgabe 3 einen Text in (hoffentlich) vernünftiges Deutsch übersetzt, der in die Literatur zum Thema „Journalistensprache“ eingegangen ist: die Erklärung des einstigen Regierungssprechers Bölling, eines Journalisten (!), zu einer Affäre der 70er Jahre, in der es um den damaligen Verteidungsminister und den sogenannten „Lauschmitteleinsatz“ ging.

Wer nun aber meint, die Drechselprodukte einer nichts als der Verschleierung von Tatbeständen dienenden Sprache seien inzwischen ausgestorben, der irrt – leider. Haben Sie vielleicht noch die sogenannte „Rücktrittserklärung“ des Ministers namens Möllemann im Ohr? – Sie lautete in ihrem Kernstück

Angesichts der Bedeutung, die ich gerade in dieser Zeit dem Amt des Bundesministers für Wirtschaft zumesse, halte ich es mit meinem Amtsverständnis nicht für vereinbar, die Amtsführung des Bundesministers für Wirtschaft weiter mit den bei meinem Verbleiben im Ministerium wohl unvermeidlichen öffentlichen Auseinandersetzungen zu belasten.

Ein Presseclub im Fernsehen, in dem unmittelbar nach der kuriosen Mitteilung Journalisten, „hochkarätige" natürlich, über die Affäre diskutierten, war sich nicht einig: Ist der Möllemann nun zurückgetreten oder ist er nicht?

Die Süddeutsche vergnügte ihre Leser daraufhin mit einer wunderbaren Glosse zum Thema. Sie ist hier abgedruckt, weil sie wunderschön ist und uns ein wichtiges weiteres Stichwort liefert.

Das Streiflicht

(SZ) Möllemanns Rücktrittserklärung ragt insofern heraus, als sie keine Betroffenheit erzeugte, sondern nur Benommenheit – tiefste, stockdüstere Benommenheit. Was will dieser Mensch? fragte sich die Nation einen Sonntagmittag lang, wovon zum Teufel redet der eigentlich? „Ich tue das auf der Grundlage von Erörterungen ... betrifft die ursprüngliche Annahme ... auf eine wirklich hinreichende Tatsachenerklärung hinzuwirken ... nicht nur Patentprobleme, sondern Marktzugangsprobleme ... im Hinblick auf die Sozialkomponente ..." So Jürgen Möllemann. Man fühlte sich über weite Strecken an Karl Valentin erinnert, der, ohne je Minister gewesen zu sein, folgenden allgemeingültigen Redenbeginn entwarf: „Es freut mich ungemein, daß Sie, wie Sie, wenn Sie hätten, widrigenfalls ohne direkt, oder besser gesagt, inwiefern, nachdem naturgemäß usw."

Es wird Schopenhauer nicht schaden, wenn man auch ihn in diesem Zusammenhang zitiert. „Der Stil erhält die Schönheit vom Gedanken", schrieb er, und ferner: „Die Wahrheit ist nackt am schönsten ..." Das führt zu zwei Fragen, deren erste lautet: Waren Möllemanns Gedanken so schön, daß sich dies auf seinen Stil hätte auswirken müssen? Eine Antwort fällt schwer, weil die Gedanken aus dem Redetext nur undeutlich hervortraten; man ist daher zu dem Umkehrschluß gezwungen, daß Möllemanns Gedanken, analog zu seinem Stil, häßlich waren. Als Beispiel dafür hier noch einmal der verquollene Endspurt: „Angesichts der Bedeutung, die ich gerade in dieser Zeit dem Amt des Bundesministers für Wirtschaft zumesse, halte ich es mit meinem Amtsverständnis nicht für vereinbar, die Amtsführung des Bundesministers für Wirtschaft weiter mit den bei meinem Verbleiben im Ministerium wohl unvermeidbaren öffentlichen Auseinandersetzungen zu belasten." Was das heißt? Wenn die Presse, heißt das, ihre Goschen gehalten hätte, gäbe es keinen Grund zu gehen – ein häßlicher, in seiner Häßlichkeit stilistisch freilich adäquat wiedergegebener Gedanke.

Die zweite Frage, nämlich ob auch Möllemanns Wahrheit nackt am schönsten gewesen wäre, ist noch offen. Den Sachverhalt kennen wir mittlerweile: Der Vetter bringt – *Marktzugangsproblem!* – seine Ware nicht los, weswegen Möllemann unter Mißbrauch seines Amtes an der Sache ein bißchen dreht. Das ist die nackte Wahrheit, und sie wäre uns fast schön erschienen, hätten wir sie in ihrer lapidar vetternwirtschaftlichen Schlichtheit erfahren. Das war uns nicht vergönnt. Statt dessen beglückte uns der scheidende Minister mit einem Grätschschritt ohnegleichen. „Das mindert", sagte er, „nicht den Selbstvorwurf der unzureichenden Tatsachenfeststellung. Gelogen habe ich aber nicht." Mit anderen Worten: Ich habe gelogen, doch gelogen habe ich nicht. Wie dieser Mann sich selbst aufhebt, hat beinahe schon wieder Stil.

Vom nötigen Striptease

Das Streiflicht aus der Süddeutschen zitiert ein Bonmot von Schopenhauer: „Der Stil erhält die Schönheit vom Gedanken“, und – in der Fortsetzung: „Die Wahrheit ist nackt am schönsten.“

In dieser Formulierung ist der hilfreiche Hinweis für einen wichtigen Praxistip in Sachen Blähdeutsch enthalten: die nackte Wahrheit. Es gilt, die Sätze von Politikern, besonders die von Politikern in der Defensive, zunächst einmal einem Striptease zu unterziehen.

Doch, ach, Striptease bei Fremden ist gar nicht so einfach; und viel Zeit haben wir im Redaktionsalltag ja auch nicht. Darum wollen wir zunächst die Techniken für unseren Entkleidungsauftrag einüben.

Wortdurchgang kommt vor Textdurchgang

Eine ganz wichtige Hilfe beim Entkleiden von Bürokratentexten ist diese: So wie beim richtigen Striptease nicht die Unterhose vor der Krawatte kommt, befassen wir uns auch beim Text-Strip zunächst mit den Kleinteilen an der Oberfläche: Wir streichen überflüssige Adjektive und unnötige Füllwörter und übersetzen komplizierte Wörter, insbesondere Fremdwörter, wo es geht, in einfache, leicht verständliche. Lassen Sie uns bei Beispiel 125 also zunächst den Wortdurchgang machen:

Alle blau hervorgehobenen Wörter und Wortgruppen können zunächst durch einfachere Formulierungen ersetzt werden.

STEUERRECHT / Spitzenverbände der Wirtschaft zur erschwerten Pkw-Abschreibung

Im betrieblichen Bereich werden Pkw in der Regel nur vier Jahre lang gefahren

[redacted], Donnerstag, 12.11.1992

[redacted] **Im Referentenentwurf eines Standortsicherungsgesetzes wird angekündigt, daß die steuerliche Abschreibungsdauer für betrieblich genutzte Pkw und Kombifahrzeuge von vier auf fünf Jahre verlängert wird, um die beabsichtigte Senkung der Körperschaftsteuersätze und des Spitzensatzes der Einkommensteuer auf gewerbliche Einkünfte gegenfinanzieren zu können.**

Die Verlängerung der Abschreibungsdauer soll durch eine Änderung interveniert. U.a. haben sie vorgetragen, daß mit einem nach Jahresfahrleistungen gestaffelten Abschreibungsrecht die bewährte Pauschalregelung der geltenden AfA-Tabelle aufgegeben werde. Es ergebe sich bereits die praktische Schwierigkeit, im Rahmen der laufenden Buchhaltung die Höhe der Abschreibungen festzulegen. Dafür bedürfe es der Unterstellung bzw. Prognose von Jahresfahrleistungen und der notwendigen Korrektur am Jahresende. Mit großem Aufwand müßten die Kilometerleistungen für jedes einzelne im Betriebsvermögen befindliche Fahrzeug festgestelt werden, die entsprechenden Unterla- die technische. Die gleichberechtigte Berücksichtigung technischer und wirtschaftlicher Motive wirke sich verstärkt bei Fahrzeugen des Betriebsvermögens aus. Die Aspekte der Reparaturanfälligkeit, der Anpassung an technische Standards, der Repräsentationszwecke usw. seien für die betriebsgewöhnliche Nutzungsdauer mitentscheidend.

Die AfA-Tabellen sind von der Praxis bestätigt worden

● Es gebe keine konkreten Anhaltspunkte dafür, daß im unterneh-

125 *Wir wollen Überschrift und Vorspann dieses Artikels unbürokratisch formulieren.*

Im betrieblichen Bereich werden Pkw in der Regel nur vier lang Jahre gefahren
Im Referentenentwurf eines Standortsicherungsgesetzes wird angekündigt, daß die steuerliche Abschreibungsdauer für betrieblich genutzte Pkw und Kombifahrzeuge von vier auf fünf Jahre verlängert wird, um die beabsichtigte Senkung der Körperschaftssteuersätze gegenfinanzieren zu können.

Firmenwagen
meist

Entwurf

Abschreibung
Firmenwagen

Körperschaftsteuer
gegenzufinanzieren

Der Text lautet nach diesem Durchgang:
Firmenwagen werden meist nur vier Jahre lang gefahren
Im Entwurf eines Standortsicherungsgesetzes wird angekündigt, daß die Abschreibung für Firmenwagen von vier auf fünf Jahre verlängert wird, um die beabsichtigte Senkung der Körperschaftssteuer gegenzufinanzieren.

Textdurchgang jetzt leichter

Die Überschrift ist nach dem Wortdurchgang schon akzeptabel. Doch am Vorspann müssen wir weiter arbeiten; der Text muß in seiner Gesamtstruktur überarbeitet werden.

Das läßt sich mit einem „vorgereinigten" Text recht gut bewerkstelligen. Lesefreundliche Umstellungen sind in dem übersichtlicher gewordenen Gebilde viel leichter möglich. Darum folgt erst jetzt der Textdurchgang: indem wir uns den im verbesserten Text immer noch blau markierten Stellen zuwenden und sie ersetzen durch:

... wird eine Verlängerung angekündigt. So soll... gegenfinanziert werden.

Nunmehr lautet der Text:
Firmenwagen werden meist nur vier Jahre lang gefahren
Im Entwurf eines Standortsicherungsgesetzes wird eine Verlängerung der Abschreibung für Firmenwagen von vier auf fünf Jahre angekündigt. So soll die beabsichtigte Senkung der Körperschaftssteuer gegenfinanziert werden.

Das ist nun sicherlich schon viel besser; jedoch will das zweimalige Passiv nicht so recht gefallen. Ein guter Schreiber wird also an einem zweiten Textdurchgang nicht sparen und dabei zum Beispiel die erste Passiv-Konstruktion durch eine Aktivform ersetzen: Der Entwurf... kündigt an. Danach lautet der Text:

Firmenwagen werden meist nur vier Jahre lang gefahren
Der Entwurf eines Standortsicherungsgesetzes kündigt eine Verlängerung der Abschreibung für Firmenwagen von vier auf fünf Jahre an. So soll die beabsichtigte Senkung der Körperschaftssteuer gegenfinanziert werden.

Bei dem anspruchsvollen Lesepublikum, das der Autor in diesem Fall vor sich hat, kann er das Problem aber auch so lösen, daß er statt zu zwei Sätzen zu einem einzigen verdichteten Satz greift, und zwar mit Hilfe der folgenden Konstruktion: Zum Ausgleich... kündigt der Entwurf... an. Dann läse sich der Text so:

Firmenwagen werden meist nur vier Jahre lang gefahren
Zum Ausgleich der beabsichtigten Körperschaftssteuersenkung kündigt der Entwurf eines Standortsicherungsgesetzes eine Verlängerung der Abschreibung für Firmenwagen von vier auf fünf Jahre an.

Egal, für welche Lösung man sich entscheidet, ob für eine der hier vorgestellten oder vielleicht noch eine andere – ein unglücklicher Ausgangstext wie der aus dem Beispiel wird kaum jemals mit einem reinen Wortdurchgang zu retten sein, sondern in aller Regel mindestens einen, wenn nicht gar zwei, Textdurchgänge benötigen, um sich wirklich sehen (und hören!) lassen zu können.

Nur am Rande: Aus 32 Wörtern sind 22 geworden, und die Aussage ist verständlich, ohne daß Informationen auf der Strecke geblieben wären.

Wer die Striptease-Technik als hilfreich empfindet, der merke sich:

Die „Beziehungskisten" darstellen

Das Blähdeutsche besteht nicht selten aus langen und vielfach verschachtelten Sätzen. Da weiß man oft nicht auf Anhieb, welche Bedeutungselemente zusammengehören; die „Beziehungskisten" sind nicht klar.

Um sich selbst einen Überblick zu verschaffen und zugleich ein Textungetüm auf seinen Bedeutungskern zu reduzieren, ist die einfachste Methode immer noch die Unterstreichung oder farbige Markierung der Elemente, die den Bedeutungskern tragen – so wie wir es automatisch machen, wenn wir aus einem Lehrbuch für eine Prüfung lernen.

Ein Beispiel möge das verdeutlichen. Der folgende Satz, der so in einer Wirtschaftszeitung erschienen ist, ist von einem ungeübten Leser auf Anhieb gar nicht zu erfassen:

Bestätigt würden die den AfA-Tabellen zugrunde gelegten Werte gleichfalls durch die Ergebnisse der Rückmeldungen einer von den Spitzenverbänden in diesem Zusammenhang durchgeführten Umfrage in der gewerblichen Wirtschaft.

Man schluckt, liest zurück, liest noch einmal nach vorn, und fängt an zu sezieren – wie einst im Lateinunterricht. Da hilft nur die Markierung des Satzkerns:

Bestätigt würden die den AfA-Tabellen zugrunde gelegten Werte gleichfalls durch die Ergebnisse der Rückmeldungen einer von den Spitzenverbänden in diesem Zusammenhang durchgeführten Umfrage in der gewerblichen Wirtschaft.

Der Satz ist grauenhaft; aber nun haben wir ihn wenigstens grob verstanden.

Da das Unterstreichen am Bildschirm zugegebenermaßen lästig ist und ein Leuchtmarker von den Software-Spezialisten wohl erst noch erfunden werden muß, empfiehlt sich diese klassische Methode eher dort, wo ein Drukker zur Verfügung steht.

Wunderbar für Eloquente: frei nachformulieren

Wer nach dem Wortdurchgang meint, den Bedeutungskern eines Blähtextes erfaßt zu haben, und einigermaßen wortgewandt ist, sollte sich die Chance geben, den Blick ganz vom Bildschirm zu lösen und die erfaßte Bedeutung – nicht unbedingt laut, aber doch frei und „sprechend" – zu formulieren.

Dann werden die Zusammenhänge nicht selten auf einmal ganz simpel – so simpel, daß man sich gelegentlich fragen muß (und fragen sollte), ob die verbleibende Aussage denn überhaupt noch das Papier wert ist, auf dem sie gedruckt werden soll.

Der Praxistip für den Text-Striptease auf Papier oder am Bildschirm lautet deshalb:

Willst du zu des Pudels Kern, unterstreich ihn, sprich ihn gern!

Sich die Komplexität von Sätzen vor Augen führen

Eines zeigt natürlich weder die Unterstreichungsmethode noch die frei gesprochene Formulierung: wie komplex ein Satz ist, das heißt: wie viele Hierarchie-Ebenen er enthält und wie sie zusammenhängen. Wenden wir uns noch einmal dem Beispiel-Satz von Seite 83 zu, den wir nach der Unterstreichung des Satzkerns grob verstanden hatten.

Wir wissen nun immerhin, daß bestimmte Werte durch die Ergebnisse einer Umfrage bestätigt werden. Alle Ergänzungen dieses Nukleus ergeben sich durch Nachfragen – so wie in der Darstellung auf Seite 85 oben demonstriert. Ein Blick darauf und wir begreifen, warum der Satz so unverdaulich ist.

Manche Menschen meinen, ein Text laufe linear von links nach rechts. Das ist völlig falsch: Ein Text läuft von links nach rechts *und* von oben nach unten, und ganz besonders schwierig wird es da, wo man ständig treppauf, treppab gehen muß. Steigen Sie doch einmal, während Sie den Satz sprechen, durch die Hierarchiestufen des Demonstrationssatzes und stellen Sie sich vor, daß es noch weitaus komplexere Stukturen in deutschen Zeitungen gibt.

Der Schreiber dieses Satzungetüms hatte nämlich offenkundig bereits ein schlechtes Gewissen wegen der Komplexität seiner Konstruktion und hat darum auf die normale Stellung des deutschen Aussagesatzes verzichtet (Die Werte würden bestätigt), weil das bedeutet hätte, daß der Leser nach dem Abstieg in immer tiefere Beziehungsebenen am Satzende wieder auf die oberste Ebene hätte zurückklettern müssen.

Keine Sorge: Hier wird Deutschlands Redakteuren nicht empfohlen, künftig dazusitzen und „Hierarchiebäume“ zu malen; es geht lediglich darum, den Lesern dieses Buches für den folgenden, wichtigen Tatbestand die Augen zu öffnen:

Die schwere oder leichte Verständlichkeit von Texten hängt auch davon ab, *wie* viele verzweigte Strukturen sie

Bestätigt würden ....die Werte.....................durch die Ergebnisse
welche? wovon?
die zugrunde gelegten der Rückmeldungen
wem oder was zugrundegelegt? von was?
den AfA-Tabellen einer Umfrage
was für einer Umfrage?
einer von den Spitzenverbänden
durchgeführten
wo durchgeführt?
in der gewerblichen Wirtschaft
aus welchem Anlaß?
in diesem Zusammenhang

Bestätigt würden die den AfA-Tabellen zugrunde gelegten Werte gleichfalls durch die Ergebnisse der Rückmeldungen einer von den Spitzenverbänden in diesem Zusammenhang durchgeführten Umfrage in der gewerblichen Wirtschaft.

enthalten und welche der verzweigten Strukturen besonders hohe Verständnisbarrieren darstellen.

Theodor Wolff, der – als Chefredakteur des „Berliner Tagesblattes" – seine Zeitung durch die Verpflichtung ausgezeichneter Schreiber zur Weltgeltung führte, hat einmal über seinen Verleger Rudolf Mosse gesagt:

„Er liebte jene Klarheit der Sprache, durch die man wie durch eine lichte Seenfläche auf den Grund des Gedankens und Wissens blickt."

Wenn man sich so manche der in unseren heutigen Zeitungen gebotenen „Seenflächen" anschaut, muß man sich wundern, wie viele Schichten von Verunreinigung den Leser vom Grund des Gedankens trennen. Wir wollen deshalb auf Übungen zur Entwirrung komplexer Sätze nicht verzichten. Unser Beispiel taucht darin als Satz 1 auf.

Übung 10

Übung 11

Wer Hierarchie-Übungen wie diese immer wieder einmal macht, um festzustellen, warum es hier und da auf einmal mit dem Verständnis hakt, obwohl doch alle „Vokabeln" bekannt sind, wird stets hinreichend sensibilisiert sein, um das heute so viel gepriesene „Lean Management" auch seinen eigenen Texten zu verpassen und wo immer möglich Hierarchien abzuflachen.

Übung 12

Weil ein transparenter Satzbau so wichtig ist, gibt es im Anhang noch eine weitere Übung zum Thema. Dabei sollen Sie einen Artikel von der Titelseite einer Regionalzeitung redigieren.

脑

Fachchinesisch

Der Journalist als Wichtigtuer

脑 Nicht selten bekommt der Leser deutscher Tageszeitungen zu spüren, wie dumm er ist. Dann nämlich, wenn der Redakteur, der dem Leser seine Brötchen verdankt, meint, er müsse durch die Verwendung von Fachjargon zeigen, was für ein toller Hecht er ist, etwa, indem er Dinge formuliert wie:

Erneut hat sich Fürstin Gloria Sparmaßnahmen ausgedacht: Um die Rendite aus der Holzwirtschaft zu erhöhen, soll der „Fürstliche Thiergarten“ nahe Donaustauf bei Regensburg in Kernbereichen aufgelassen werden.

Wie denn „aufgelassen“, fragt sich der Leser? Und was hat das mit dem Holz zu tun? – An anderer Stelle liest er:

Quelle denkt laut Manager Wolfgang Bühler darüber nach, Aktivitäten aus der unternehmerischen Verantwortung herauszunehmen.

Klingt beeindruckend; aber was haben die da vor bei Quelle? – Es wäre die Aufgabe des Berichterstatters gewesen, es dem Leser zu sagen, statt den Jargon des Managers zu übernehmen.

In beiden Fällen gibt der Schreiber mit dem von ihm – so unterstellt man – verstandenen Fachjargon an, ohne sich den Teufel darum zu scheren, ob seine Leser etwas damit anzufangen wissen.

Die Eitelkeit der Informiertenclique

Das zweite Beispiel, typisch für das Deutsch der Geschäftsberichte, das einen nicht so gut klingenden Tatbestand euphemistisch umschreibt, hätten wir genauso gut auch im Kapitel „Blähdeutsch“ parken können; die Grenzen sind fließend.

Beide Beispiele tauchen als Übersetzungsaufgabe in Übung 13 auf, in der es darum geht, Fachjargon in verständliches Deutsch zu übersetzen.

Übung 1

HEUTE

Gloria gibt Hirsche zum Abschuß frei

Regensburg. (dpa) Erneut hat sich Fürstin Gloria Sparmaßnahmen ausgedacht: Um die Rendite aus der Holzwirtschaft zu erhöhen, soll der „Fürstliche Thiergarten“ in Kernbereichen aufgelassen werden. In den nächsten drei Jahren ist der Abschuß des gesamten Rotwildbestands geplant.

126 *Einen Wald auflassen – sagen das die Jäger, wenn sie dort schießen dürfen? Der Leser wird auch im Hintergrundbericht zur Kurzmeldung mit dieser Frage allein gelassen.*

Niedrige Rente bei Berufsunfähigkeit

Ein anderes Ergebnis der Marktuntersuchung war der Wunsch, die Querschnittlähmung finanziell abzusichern. Auch das hat die Volksfürsorge bei ihrem Programm „Leben trotz Krankheit" berücksichtigt. Außerdem

127 *Mancher Fachjargon gerät auch zu unfreiwilliger Komik. Oder können Sie sich vorstellen, daß irgendjemand eine schlimme Lähmung auch noch finanziell absichern möchte?*

Vom unharmonischen Intimverkehr „als Reisemangel"

Um zu zeigen, zu welchen Extremen sich eine Fachsprache versteigen kann und weil ein Sprachbuch auch Spaß machen soll, finden Sie als Nummer 128 einen köstlichen Beitrag aus der NJW, einem Fachblatt der Juristen, zum Thema „Unharmonischer Intimverkehr als Reisemangel".

14. Unharmonischer Intimverkehr als Reisemangel

BGB §§ 651 d, f

Die Unterbringung in einem mit zwei Einzelbetten statt eines Doppelbetts ausgestatteten Ferienhotelzimmer und ein aufgrund dieses Umstands unharmonischer Intimverkehr während der Dauer des Urlaubs stellen nicht ohne weiteres einen zur Herabsetzung des Reisepreises berechtigenden Mangel dar. (Leitsatz der Redaktion)

AG Mönchengladbach, Urt. v. 25. 4. 1991 – 5 a C 106/91

Zum Sachverhalt: Der Kl. hatte bei der Bekl. für sich und seine Lebensgefährtin eine Urlaubsreise nach Menorca gebucht. Geschuldet war die Unterbringung in einem Doppelzimmer mit Doppelbett. Der Kl. trug vor,

128 *Machen Sie sich am besten eine Kopie von diesem Text (Fortsetzung auf der nächsten Seite) und tragen Sie ihn beim nächsten Betriebsausflug als Kabarett-Nummer vor. Sie werden die Lacher auf Ihrer Seite haben!*

Entscheidungen – Zivilrecht: Andere Zivilgerichte

nach der Ankunft habe er feststellen müssen, daß es in dem ihm zugewiesenen Zimmer kein Doppelbett gegeben habe, sondern zwei separate Einzelbetten, die nicht miteinander verbunden gewesen seien. Bereits in der ersten Nacht habe er feststellen müssen, daß er hierdurch in seinen Schlaf- und Beischlafgewohnheiten empfindlich beeinträchtigt worden sei. Ein „friedliches und harmonisches Einschlaf- und Beischlaferlebnis" sei während der gesamten 14tägigen Urlaubszeit nicht zustandegekommen, weil die Einzelbetten, die zudem noch auf rutschigen Fliesen gestanden hätten, bei jeder kleinsten Bewegung mittig auseinandergegangen seien. Ein harmonischer Intimverkehr sei deshalb nahezu völlig verhindert worden. Der Kl. verlangte Schadensersatz wegen nutzlos aufgewendeter Urlaubszeit in Höhe von 20% des Reisepreises von 3078 DM. Der erhoffte Erholungswert, die Entspannung und die ersehnte Harmonie mit seiner Lebensgefährtin sei erheblich beeinträchtigt gewesen. Dies habe bei ihm und bei seiner Lebensgefährtin zu Verdrossenheit, Unzufriedenheit und auch Ärger geführt. Der Erholungswert habe darunter erheblich gelitten. Die Bekl. bat um Klageabweisung. Sie meinte, die Klage könne nicht ernst gemeint sein.

Aus den Gründen: Das *AG Mönchengladbach* folgte dem Begehren der Bekl. Die Klage ist zulässig. Der Bekl. ist zuzugeben, daß hier leicht der Eindruck entstehen könnte, die Klage sei nicht ernst gemeint. Die Zivilprozeßordnung sieht allerdings einen derartigen Fall nicht vor, so daß es hierfür auch keine gesetzlich vorgesehenen Konsequenzen gibt.

Die Klage ist aber jedenfalls in der Sache nicht begründet. Der Kl. hat nicht näher dargelegt, welche besonderen Beischlafgewohnheiten er hat, die festverbundene Doppelbetten voraussetzen. Dieser Punkt brauchte allerdings nicht aufgeklärt zu werden, denn es kommt hier nicht auf spezielle Gewohnheiten des Kl. an, sondern darauf, ob die Betten für einen durchschnittlichen Reisenden ungeeignet sind. Dies ist nicht der Fall. Dem Gericht sind mehrere allgemein bekannte und übliche Variationen der Ausführung des Beischlafs bekannt, die auf einem einzelnen Bett ausgeübt werden können, und zwar durchaus zur Zufriedenheit aller Beteiligten. Es ist also ganz und gar nicht so, daß der Kl. seinen Urlaub ganz ohne das von ihm besonders angestrebte Intimleben hätte verbringen müssen.

Aber selbst wenn man dem Kl. seine bestimmten Beischlafpraktiken zugesteht, die ein festverbundenes Doppelbett voraussetzen, liegt kein Reisemangel vor, denn der Mangel wäre mit wenigen Handgriffen selbst zu beseitigen gewesen. Wenn ein Mangel nämlich leicht abgestellt werden kann, dann ist dies auch dem Reisenden selbst zuzumuten mit der Folge, daß sich der Reisepreis nicht mindert und daß auch Schadensersatzansprüche nicht bestehen.

Der Kl. hat ein Foto der Betten vorgelegt. Auf diesem Foto ist zu erkennen, daß die Matratzen auf einem stabilen Rahmen liegen, der offensichtlich aus Metall ist. Es hätte nur weniger Handgriffe bedurft und wäre in wenigen Minuten zu erledigen gewesen, die beiden Metallrahmen durch eine feste Schnur miteinander zu verbinden. Es mag nun sein, daß der Kl. etwas derartiges nicht dabei hatte. Eine Schnur ist aber für wenig Geld schnell zu besorgen. Bis zur Beschaffung dieser Schnur hätte sich der Kl. beispielsweise seines Hosengürtels bedienen können, denn dieser wurde in seiner ursprünglichen Funktion in dem Augenblick sicher nicht benötigt.

Anm. d. Schriftltg.: Vgl. hierzu den Kommentar von *Sendler*, NJW 1995, 847 (in diesem Heft).

Der Stack ist in den Heap gewachsen

Die arrogantesten Typen unter allen Jargon-Benutzern sind die EDV-Leute. Wer meint, er verstünde etwas von Hard- und Software, von Netzwerken und Datenfernübertragung, der läßt das, wenn er Mann ist, jeden anderen gnadenlos spüren.

Selbst vor schriftlichen Entblößungen ihrer mangelnden Deutschkenntnisse schrecken manche Leute nicht zurück. So habe ich einmal beim Absturz meines Rechners auf dem Bildschirm die überaus erhellende Erklärung gefunden, der Stack sei in den Heap gewachsen. Da wußte ich natürlich gleich Bescheid.

Die Verlockung für Journalisten, denen ja doch neuerdings die Fähigkeit des Umgangs mit dem elektronischen Ganzseitenumbruch abverlangt wird, ist deshalb groß, durch die öffentliche Zurschaustellung gelernten EDV-Jargons ihre ganz besondere Qualifikation unter Beweis zu stellen. Ob der Leser da noch mitkommt oder nicht oder ob das Kauderwelsch gar schön ist – wer fragt danach?

Und sind es nicht gerade die „fortschrittlichen" Verleger, die mit schlechtem Beispiel vorangehen? Ein Kommentator der Kommunikationsfachzeitschrift „werben & verkaufen" hat das zumindest so empfunden. Vergnügen Sie sich dazu an Abbildung 129.

129

PICK-UP

Burda sitzt on the safe side

Wer einmal eine Multimedia-Veranstaltung besucht hat (wie bei Burda in der letzten Woche), braucht den Duden künftig nicht mehr. Denn die speech wird eine andere. Verlage sind content provider, Verleger driving forces. Aus der heavy ist eine light industry geworden. Der gateway zum highway ist die software. Die communication im hypertext needs eine line extension, und die online applications sind windows zum user. Wer sich ins network dieser speech künftig nicht highway-mäßig einloggt, ist out. Communication at its best findet im Multimedia-Zeitalter im Computer-Slang statt. Auch die Branche des geschliffenen deutschen Worts muß umlernen. Wie sagte Hubert Burda so treffend: „Nur die content provider sind on the safe side."

129 *Wer im Glashaus sitzt, sollte nicht mit Steinen werfen: Warum nennen die ihre Spalte eigentlich „Pick-up"? So etwas verleitet doch die Verleger dieser Welt.*

Sportler unter sich

In den Montagsausgaben wird ein besonders großer Teil der Leser deutscher Zeitungen regelmäßig bereits über die Sprache ausgeschlossen: Schon auf der Titelseite dominiert häufig der Sport, und zwar nicht selten in einer Form, deren Verständnis Fachjargon-Kenntnisse voraussetzt. Zumindest bei der Mehrzahl der Frauen aber sind diese Kenntnisse nicht vorhanden.

Dazu ein Beispiel: Eine große Regionalzeitung macht an einem Montag ihre Titelseite mit der Nachricht auf, die wir als Beispiel 130 abgebildet haben.

Bochum gibt die rote Laterne ab

Abstiegskandidat Bochum hat das Titelrennen in der Fußball-Bundesliga durch das 2:0 über Bremen vorläufig auf den Zweikampf München-Frankfurt reduziert.

Da die Bayern in Dresden über ein 0:0 nicht hinauskamen und die Hessen die SG Wattenscheid 09 mit 4:1 bezwangen, führt Erich Ribbecks Team nur noch mit zwei Zählern vor Frankfurt.

Bochum gab die rote Laterne an Uerdingen ab. Die Bayer-Elf unterlag Gladbach mit 1:3.

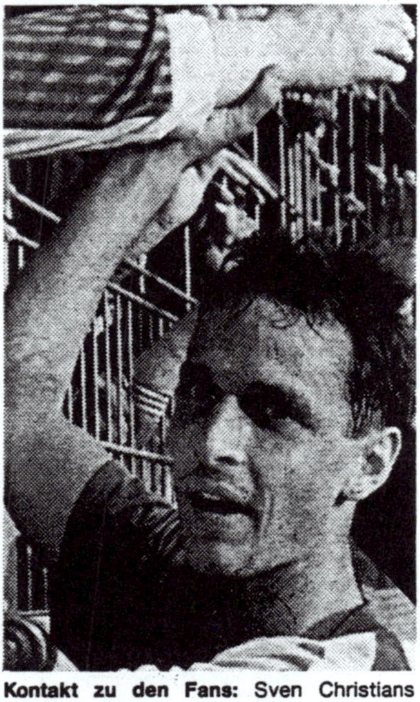

Kontakt zu den Fans: Sven Christians schoß die Bochumer zum Sieg gegen den Favoriten Werder Bremen.

Wenn Sie Spaß daran haben, festzustellen, ob Sie Männlein oder Weiblein sind, dann machen Sie doch einfach den nicht ganz ernst gemeinten kleinen Test, den Sie im Anhang als Übung 14 finden. Die Trefferquoten bei der Übersetzung von Sportjargon waren nämlich bei allen weiblichen Seminarteilnehmern bisher so gut wie Null.

Übung 14

Zum Sportjargon gehört auch die Brutalität. Es gibt Anlässe, da geht es nicht unter der „Nacht der langen Messer". Die Sammlung 131 bis 140 zeigt das

131 *bis* **140** *Brauchen Männer das wirklich: Hexenkessel, Invasionen, Hackebeile, Kastrationen, umgedrehte Spieße?*

131

Ruder-Achter steigt um auf „Hackebeile"

Konsequenz aus Vorlauf-Niederlage

130 *Bochum gibt die rote Laterne ab – Für Fußball-Kenner ist klar, was das bedeutet: Bochum ist nicht mehr Schlußlicht in der Bundesliga-Tabelle. Und alle, die sich nicht für Fußball interessieren, so könnte man sagen, würden den Artikel ja sowieso nicht lesen – auch dann nicht, wenn er verständlich formuliert wäre. Gut, der Ansicht kann man sein; dann stellt sich nur die Frage, ob man nicht demjenigen, der – durch die Überschrift aufmerksam geworden – in den Artikel hineinliest, um zu wissen, was die rote Laterne ist, dann wenigstens durch den folgenden Text einen Hinweis geben müßte. Aber auch das geschieht in unserem Beispiel nicht.*

132

Tusem bläst im hohen Norden zum Angriff

Hasper drehen den Spieß noch um
Brüggemann und Rasch nicht zu halten/Fichte-Delstern in Iserlohn chancenlos

133

134

Didier Auriol „voll am Limit"

Invasion mit 20 000 Fans
Die meisten Schlachtenbummler kamen ohne Karten

135

136

Schrempf führt Korbjäger zum Erfolg im Hexenkessel
83:74 gegen Gastgeber Spanien imponiert auch Boris Becker

Stich bestätigt Tennis-Hackordnung
Leichter Erfolg über Steeb in Hamburg / Lendl, McEnroe und Agassi scheitern

137

Kastration des Fußballs
Die kleinen Arenen in Schweden sind nicht ausverkauft

138

Hohenlimburg nach Krimi im Halbfinale

139

Monte Carlo – Die Entscheidung fiel im Morgengrauen. Und dann trennten lediglich ganze 15 Sekunden Freudentaumel und tiefe Enttäuschung im Ziel der 61. Rallye Monte Carlo. Nach der berühmten „Nacht der langen Messer" raste der Franzose Didier Auriol vom dritten noch auf den ersten Platz vor und feierte seinen dritten Monte-Sieg nach 1990 und 1992 mit einer Champagnerdusche.

140

Wer nun meint, man solle gefälligst nicht so empfindlich sein; das seien doch nur *Worte*, der ist zumindest *eines* nicht: katholisch erzogen. Dann wüßte er nämlich, daß man auf dreierlei Art sündigen kann: in Gedanken, Worten und Werken. Was in unseren Sportteilen passiert, ist also bereits Sündenstufe 2.

Der Merkspruch, der – wie wir sehen werden – nicht nur für den Sport gilt, lautet ganz klar:

Die Chiffren der Politik

Kann man die Fachbegriffe im Sport eventuell noch unter „special interest" abhaken, wird man sich das in einigen anderen Ressorts kaum leisten können.

Der unausgesprochene Standpunkt, daß es nicht schlimm ist, wenn ein Teil der Leser durch die Sprache vom Verständnis der Inhalte ausgeschlossen wird, ist in der politischen Berichterstattung zum Beispiel mehr als bedenklich.

Das tut doch keiner? – Und ob! Es geschieht sogar täglich: durch Übernahme von Politikerbläh, durch Verzicht auf die Enttarnung von Verschleierungsvokabeln und – meist völlig unbewußt und von vielen unbemerkt – durch die Verwendung von Chiffren: Kurzformeln für Eingeweihte. Karlsruhe heißt es nur kurz, und jeder hat zu wissen, daß nicht die Stadt gemeint ist, sondern das Bundesverfassungsgericht.

141 *bis* **144** *Chiffren ohne Auflösung haben in einer guten Zeitung eigentlich nur an einer Stelle Platz: im Anzeigenteil. Auswüchse wie in dem Textausschnitt mit dem SPD-Experten, der ja in Analogie zu Herrn Müller-Lüdenscheid vielleicht Enkelmann-Bonn heißt, sind allerdings selten.*

Detroit denkt über Dumpingklage nach
Gegen ausländische Autohersteller / Herausforderung Clintons

141

142

Nürnberg erfolgreich im Kampf gegen Schwarzarbeit

Für Blauhelm-Einsätze will Kinkel Karlsruhe anrufen

143

144

> Unverständnis hat die Bafög-Entscheidung bei SPD und Grünen in Erfurt ausgelöst. Eine „unsoziale Auslese“ warf der bildungspolitische SPD-Experte Andreas Enkelmann Bonn vor.

Übung 15

In Übung 15 können Sie einmal testen, wie viele Chiffren Ihnen auf Anhieb geläufig sind. Sollten Sie beim Ausführen der Übung protestieren wollen mit der Begründung, das seien doch offenkundig alles nur Überschriften und spätestens der ausführliche Text mache doch klar, wovon die Rede ist, dann bedenken Sie bitte:

Ein Großteil der Leser nimmt überhaupt nur die Überschriften, die Bilder und die Bildunterschriften zur Kenntnis. Und hat nicht der sogenannte flüchtige Leser (derjenige, wenn ein Scherz erlaubt ist, der vor dem Deutsch der Journalisten auf der Flucht ist) einen Anspruch darauf, zumindest bei Nachrichten schon aus der Überschrift den Kern der Information entnehmen zu können?

Auch Chiffren für Eingeweihte: Abkürzungen

Abkürzungen sind eine praktische Sache, ohne Zweifel. Statt x-mal in einem Beitrag über die Publizitätspflicht von Unternehmen „Bilanzrichtliniengesetz“ zu schreiben, führt man natürlich besser das Kürzel „Birilig“ ein und verwendet es fortan – auch wenn es alles andere als schön ist.

Ärgerlich für den Leser können Abkürzungen dort werden, wo sie ihm nicht zunächst vorgestellt werden. Und das geschieht leider nicht selten.

> **Kita-Beiträge: Die Preis-Spirale dreht sich immer weiter**
> Einige Eltern melden ihre Kleinen bereits ab

145 *Nur aus der Unterzeile kann der Leser bei dieser Überschrift schließen, daß es sich bei Kitas um Einrichtungen für Kinder handeln muß, und nur wenn er bürokratisch vorbelastet ist, wird er auf das Wort Kindertagesstätte kommen.*

Auch beim Beispiel 145 kann man wieder einwenden, daß der Artikel ja mit Sicherheit klarmacht, worum genau es geht; aber auch hier muß man entgegnen: Hat nicht der Leser bereits einen Verständlichkeitsanspruch gegenüber der Überschrift?

Und im konkreten Fall: Wird er einen Text, der mit der Marotte der sich drehenden Preisspirale aufmacht, überhaupt lesen wollen? – Nur wenn er zufällig selbst ein Kind im Kindergarten hat, wird er sich das antun wollen; aber ein Lesevergnügen wird es kaum sein.

Übung 16

Lassen Sie uns auch zum Thema Abkürzungen einen kleinen Test machen und dann feststellen, wie viel davon man Zeitungslesern zumuten kann, wenn an manchen Stellen bereits die *Journalisten* überlegen müssen.

Angeberei auf Kosten des Lesers: Fremdwörter

Um es vorweg zu sagen: Kein gescheiter Mensch hat aus Prinzip etwas gegen Fremdwörter; die arischen Zeiten sind zum Glück vorbei und kommen hoffentlich so schnell nicht wieder.

Wo das fremdstämmige Wort eleganter, kürzer, verständlicher, treffender ist als das deutsche, spricht absolut *nichts gegen*, sondern *alles für* seine Verwendung. Der Fernsprecher kann es mit dem Telefon wahrhaft nicht aufnehmen; aber es ist entweder Unfähigkeit, Angeberei oder Schikane, Inauguraladresse zu schreiben, wenn der amerikanische Präsident seine Antrittsrede hält. Auch zu diesem Thema sollen Sie über Fundstücke staunen.

Gönnen Sie sich auch zum Thema Fremdwörter wieder eine kleine, heitere Übung.

Übung 17

147

Elf Azzurri danken Referee Heynemann

Fußball-EM-Qualifikation: Davids proben den Aufstand gegen Goliaths

Glory Halleluja für Law & Order im Western-Kaff Tombstone

146

146 *bis* **152** *Azzurri, Referee, Law & Order, Streetwork, Chuzpe, Order-Center und Claims im Reality-TV? Alles klar?*

„Reality-TV ist nichts Neues“

Bestandsaufnahme eines Fernsehgenres (Schluß)

Wo die Privaten auf dem Reality-TV Sektor ihre Claims schon lange abgesteckt haben, halten sich die öffentlich-Rechtlichen Anstalten nur mühsam zurück. Unlängst heuchelte ZDF-Auslandschef Ulrich Kienzle noch, „Verbrechen und persönliche Tragödien“ gehörten „von der Berichterstattung ausgeklammert. (...) Journalistische Ethik nennt man das — vielleicht ein bißchen altmodisch.“ Dessen ungeachtet versuchen sich die Anstalten der ARD in ihren dritten US-Shows zu leihen, streckt der stets leicht asthmatische Häscher seinen Greifarm quasi exekutiv durch den Bildschirm hindurch. Als potentielle Hilfssheriffs folgen ihm dabei regelmäßig um die zehn Millionen Zuschauer im deutschsprachigen Raum — am 6. November bereits zum 250. Mal. Längst bevor Reality-TV als Gattungsbezeichnung überhaupt geprägt war, schuf „Ganoven-Ede“ eine Show-Form, die bis heute ohne jeden expliziten Hinweis auf die Authen-

148

Verstummter Fingerzeig nach oben

Wie numinos ist die zeitgenössische Kunst? / Ausstellung im Aachener Ludwig-Forum

149

Neues Order-Center für die Mode-Woche-München

München – Als „wegwei- sich gezeigt, daß mehr als 90

150

Im übrigen hat der Generalstaatsanwalt sich kurz und würdig gegen die Unverschämtheit des Berliner Verfassungsgerichts zur Wehr gesetzt, das den Untergerichten unterstellt, sie hätten die Prüfung der Menschenwürde-Frage „offenbar unterlassen“ bzw. anscheinend nicht „die Möglichkeit der Verletzung von Grundrechten überhaupt in Erwägung gezogen“. Ein offensichtlich absurder Vorwurf, und der Generalstaatsanwalt nennt ihn mit vollem Recht „absurd“. Daraufhin hat dieser Präsident Finkelnburg die beispiellose Chuzpe, der Justizsenatorin zu schreiben, sie möge dem Generalstaatsanwalt das Anstandsbuch Knigge und das Grundgesetz geben. Finkelnburg ist dringend zu empfehlen, sich selber beiden Werken zu widmen. Vielleicht wird dann noch ein Richter aus ihm.

152

Gestern nahm Sessions zum ersten Mal gegen diese Beschuldigungen Stellung: „Ich empfinde keine Scham, denn ich habe mir nichts zuschulden kommen lassen.“ Er bezeichnete die Vorwürfe als Teil einer „Vendetta“ gegen ihn und enthüllte, daß er selbst vom FBI überprüft worden sei. So habe seine Frau einen Agenten entdeckt, der sich unerlaubt Zutritt zu seinem Schlafzimmer verschafft habe.

Sessions war 1987 von Ronald Reagan zum FBI-Chef ernannt worden. Seine Amtszeit dauert zehn Jahre. Präsident Clinton hat jedoch das Recht, ihn jederzeit zu entlassen.

151

Streetwork mit viel Enthusiasmus trotz der gelegentlich kalten Füße

Seit einigen Monaten sammelt man im Jugendamt mit Straßenarbeit Erfahrung

153 *bis* 157 *Besonders peinlich wird das verbale Fernweh dort, wo unnötigerweise ein Fremdwort benutzt wird, das dann auch noch falsch geschrieben ist oder seiner wahren Bedeutung unangemessen verwendet wird. Aus der Absicht (intent) wird dann „intend“, der Konsens zum „Konsenz“, die Dilettanten mutieren zu „Dillitanten“. Die „Pädagogig“ hat keine Logik mehr und bei der vendetta (Blutrache) kommt das Blut abhanden!*

153

Frauen in Familie und Beruf

Die Volkshochschule hat ihren Pädagogig-Fachbereich erweitert

Das sogenannte „Balcerowicz-Programm“ wurde im Dezember 1991 in einem „letter of intend“ mit dem Internationalen Währungsfonds (IWF) vereinbart.

154

mann ist jetzt in Bonn zum Energiepolitischen Sprecher der FDP-Bundestagsfraktion gewählt worden. Seine Hauptaufgabe in den nächsten Monaten: Die Arbeit zur Herstellung eines energiepolitischen Konsenzes in Deutschland.

155

Chaotisch, turbulent und zum Brüllen komisch ist das neue Programm. Mal mit, mal ohne Sinn und Hintersinn präsentieren die Freiburger Universadillitanten, die mit Vorliebe nichts auf die Reihe bringen, zündende Komik, spektakuläre Gags und spontanes Mitmach-

156

Die Leser foppen

Der Journalist als Ärgernis

Auf der Seite 3 einer bedeutenden Regionalzeitung taucht im Monat Februar der als Beispiel 158 abgebildete Artikel auf: Möhnen im Revier feiern schwungvoll die sechste Jahreszeit.

Der Leser, inzwischen an die Journalisten-Marotte gewöhnt, den Karneval als die „fünfte Jahreszeit" zu bezeichnen, wundert sich und beginnt – ohne sich eigentlich für den immer gleichen Karnevalsquatsch zu interessieren – den Artikel zu lesen. Wieso der Karneval auf einmal die sechste Jahreszeit sein soll – das möchte er nun *doch* erfahren!

Möhnen im Revier feiern schwungvoll sechste Jahreszeit

Ein Orden für Ruhrbischof Luthe

Berichte unserer

In Velbert verwandelte sich die Fußgängerzone erstmals in eine „Närrische Meile" mit Budenzauber und Karussells. In Marl-Hüls stand die City ganz im Zeichen von Kostümen, Möhnen und Weiberfastnacht. In Mülheim schaffte ein Gastwirt mit einem Holz-Vorbau mehr Platz für die Jecken. Auch im Ruhrgebiet starteten am Donnerstag die tollen Tage.

In vielen Städten des Reviers übernahmen die Jecken beim Rathaus-Sturm das Regiment. In der rheinischen Hochburg **Duisburg** gab Oberbürgermeister Josef Krings vor rund 400 Möhnen die Herrschaft an Prinz Helmut II. ab. Beim **Gelsenkirchener** Rathaus-Sturm überraschte ein Weiberchor der Stadtverwaltung mit einem Ständchen – unter der Leitung der Gesundheitsdezernentin. Und in **Bottrop** starteten die Möhnen im „Lachenden Saalbau" die tollen Tage.

Fast wie in Köln durfte sich Ruhrbischof Hubert Luthe an Weiberfastnacht in **Essen** fühlen. Mit einem dreifach donnernden „Wattenscheid Helau!" dekorierte das Prinzenpaar Josef I. und Lotti I. den Essener Bischof am Donnerstag morgen mit dem **Wattenscheider** Karnevalsorden. Der Ruhrbischof freute sich besonders darüber, daß ihm der Karnevalsorden vom Prinzenpaar aus der Geburtsstadt seines Vaters überreicht wurde.

Die tollen Tage im Revier gehen stimmungsvoll weiter: In zahlreichen Städten wie **Recklinghausen** und **Dortmund** stürmen die Jecken erst am Wochenende oder am Rosenmontag die Rathäuser. Und in **Mülheim** sprechen die Narren schon von der „sechsten Jahreszeit": „Die Landesgartenschau war so jeck, das war schon die fünfte Jahreszeit!"

158

Die Hinhaltetaktik

Versetzen Sie sich nun bitte in die Lage des neugierig gemachten Lesers und quälen Sie sich durch den links abgebildeten Bericht.

Nach einem langweiligen Vorspann, in dem zum wiederholten Mal alles im Zeichen von irgendetwas stand, registrieren wir mit wachsendem Unmut, was in Duisburg, Gelsenkirchen, Bottrop, Essen, Wattenscheid, Recklinghausen und Dortmund die „Möhnen" an unvergleichlich komischen Dingen getan haben; aber erst ganz zum Schluß, in Mülheim – und am Ende unserer Geduld – angekommen, erhalten wir die Antwort auf die Frage, derentwegen allein wir uns den ganzen Blödsinn angetan haben: Die Landesgartenschau war so jeck, das war schon die fünfte Jahreszeit!

Das ist Leserfoppen in Reinkultur und leider kein Spezifikum einer bestimmten Zeitung oder eines Zeitungstyps. Dazu als weiteres Beispiel das unter Nummer 159 abgebildete.

159 *Man muß bis ans Ende des Artikels warten für eine Aufklärung darüber, wie die Überschrift gemeint sein könnte.*

Die Zeitverfallenheit der Unzeitgemäßen

Luciano Canforas Studien zur Ideologiekritik der deutschen Altertumswissenschaft

Das humanistische Gymnasium war in Deutschland bis zum Jahre 1900 der einzige Zugang zum Universitätsstudium, und hernach überragte es die nunmehr konkurrierenden Schulformen durch sein Prestige. Im humanistischen Gymnasium aber regierte der Altphilologe: Latein und Griechisch beanspruchten etwa die Hälfte, mindestens ein Drittel des gesamten Stundendeputats – von Sexta bis Oberprima. Der Altphilologe wiederum hatte seine Kenntnisse und seine den Unterricht durchdringende Gesinnung bei seinen Universitätslehrern erworben.

So erklärt sich, warum heutige Gelehrte, vor allem Philologen und Historiker, so sehr auf der Geschichte der Altertumswissenschaft des 19. und beginnenden 20. Jahrhunderts insistieren: Die Altertumswissenschaft war – neben, zum Teil vor der Philosophie und der Geschichte – eine Leitwissenschaft, nicht nur als expansive Disziplin, die Erstaunliches leistete, sondern auch als Mittlerin eines bestimmten Zeitgeistes, als Künderin moralischer und politischer Werte. Ein heutzutage eher in der Stille wirkendes Fach war mindestens bis zum Ersten Weltkrieg so wichtig, daß man sagen kann: Die Mentalitätsgeschichte der Deutschen, die geistige Entwicklung insbesondere des deutschen Bürgertums in der Zeit von 1806 bis 1945 bleibt dem unverständlich, der sich nicht auch mit der damaligen Altertumswissenschaft und dem humanistischen Gymnasium vertraut zu machen sucht.

Das neue Buch des in Bari lehrenden Althistorikers Canfora behandelt also keineswegs nur wissenschaftsgeschichtliche Interna. Der Titel des italienischen Originals lautet „Le vie del Classicismo", „Die Wege des Klassizismus". Er wäre in Deutschland irreführend: Canforo befaßt sich mit der Zeit des zweiten Kaiserreichs und der Weimarer Republik, und die gilt hierzulande eher als „positivistisch", als nicht mehr dem Klassizismus des frühen 19. Jahrhunderts verhaftet. Das Werk könnte ebensogut „Politische Altertumswissenschaft" heißen: Es erörtert zu etwa gleichen Teilen die ideologischen Bindungen – in extremen Fällen: die ideologischen Fesseln – von Althistorikern und Altphilologen.

Eine facettenreiche Studie über die Wirkungsgeschichte der taciteischen „Germania" eröffnet den Reigen. Canfora greift zwei Motive heraus, die auf besonders unheilvolle Weise gewuchert haben: die These von der (Rasse-)Reinheit der Germanen und die Darstellung von deren Gefolgschaftswesen. Der zweite Beitrag gilt dem politischen Denken des Historikers Eduard Meyer, insbesondere seiner kritischen Einstellung zur Demokratie. Canfora scheint in diesem Falle mitunter etwas hart zu urteilen: Meyer ist offensichtlich auch in der Weimarer Zeit kein „Antidemokrat" gewesen.

Eher kommt dieses Merkmal dem großen Gräzisten von Wilamowitz-Moellendorff zu, dessen politisches und bildungspolitisches Engagement im Mittelpunkt des Buches steht. Hier hat, wie der erste ihm gewidmete Essay zeigt, vor allem Platon Schlimmes bewirkt: von demokratiefeindlichen, radikal elitären Tendenzen bis zum Gedanken planvoller Züchtung von Menschen. Im zweiten Wilamowitz-Aufsatz geht es um weniger Heikles, fast könnte man sagen um eine Episode der Bildungsgeschichte: wie die Schulreform des Jahres 1900 den Gelehrten dazu drängte, sein antiklassizistisches, alle Lebensbereiche einbeziehendes Bild von der Antike vorzustellen, und wie er dieser Konzeption durch sein „Griechisches Lesebuch" auch in der Schulpraxis Geltung zu verschaffen suchte.

Eine gründliche, einer Biographie sich annähernde Studie hat Helmut Berve zum Gegenstand, den führenden Althistoriker des Dritten Reiches. Canfora zeichnet von diesem fähigen, nie ganz angepaßten, zugleich aber für nationalsozialistische Wahnvorstellungen zugänglichen Forscher ein differenziertes Bild. Den beiden letzten Beiträgen hingegen eignet unverkennbar etwas Aphoristisches: dem Versuch, das Demokratieverständnis des kommunistisch gesinnten, in seinen Ansichten jedoch stark schwankenden Althistorikers Arthur Rosenberg auf Formeln zu bringen, sowie einer Skizze, deren zu weit gefaßtes Thema „Die klassische Antike und ihre Rezeption in der Moderne" lautet.

Dort ist unter anderem von der Faschismus-Anfälligkeit italienischer Altertumsforscher die Rede, und dort begegnet man einer These, die in vielen Fällen den Nagel auf den Kopf zu treffen scheint: daß das Gefühl, einer nichtmodernen Kultur verpflichtet und somit nicht zeitgemäß zu sein, die Adepten der Antike darin bestärkt hat, sich zeitgenössischen Ideologien in die Arme zu werfen.

Die in der Sammlung vereinigten Aufsätze sind großenteils schon andernorts in deutscher Sprache erschienen, zum Beispiel in dem wuchtigen Band „Wilamowitz nach 50 Jahren" (Darmstadt 1985). Etwas bedenklicher ist der Umstand, daß einzelne Beiträge durch neuere Untersuchungen Konkurrenz erhalten haben, ohne daß der Autor davon Kenntnis nimmt: der Essay über die Rezeption der „Germania" und die Berve-Biographie, über die man sich seit einigen Jahren in ähnlicher Form bei Karl Christ, „Neue Profile der alten Geschichte" (Darmstadt 1990), unterrichten kann.

Das Buch ist gleichwohl ein nützlicher Beitrag zur deutschen Wissenschaftsgeschichte. Man muß berücksichtigen, daß Canfora sich auf deren düstere Phasen, auf die Zeit von Wilhelm II. bis Hitler, beschränkt hat: In den Dezennien davor war die deutsche Beschäftigung mit der Antike keineswegs nationalistisch oder antidemokratisch imprägniert. Innerhalb dieses Rahmens aber hat Canfora mit großer Sorgfalt darauf geachtet, den von ihm behandelten Gelehrten Gerechtigkeit widerfahren zu lassen. Hierzu verhalf ihm seine gründliche Kenntnis der jeweiligen zeitgeschichtlichen Voraussetzungen, seine noble Art, mit Lesern zu rechnen, die selbst zu urteilen vermögen, sowie die durchweg praktizierte Einsicht, daß man sich vor nichts so sehr hüten muß wie davor, überall zwingende Verbindungslinien zwischen Haltungen und Gedanken der Zeit vor 1933 und den Taten danach herstellen zu wollen.

Luciano Canfora: „Politische Philologie". Altertumswissenschaften und moderne Staatsideologien. Verlag Klett-Cotta, Stuttgart 1995. 220 Seiten., geb., 68,– DM.

Stadtquartier nach Teddybär

Der Berliner Potsdamer Platz in Frankfurt

FRANKFURT/MAIN. Meisterplaner Renzo Piano war zur Ausstellungseröffnung da, sprach lang, aber sagte nicht viel. Nur von einer „Piazza" war die Rede, die nicht zu klein und nicht zu groß und auch nicht zu pur sein dürfe. Jene von Wasser umspülte „Piazza" ist das klimatische Herzstück der Urbanisation aus dem Nichts, die am Potsdamer Platz in Berlin, der zentralen Schnittstelle zwischen Ost und West, Gestalt annehmen soll. Sie ist jetzt im Deutschen Architektur-Museum zu sehen.

Eine der auflockernden Großtaten des italienischen Top-Architekten Tim Rodell war es, den angrenzenden Landwehrkanal zu einer ausgedehnten Wasserfläche zu erweitern und in die bestehenden Pläne der Architektengemeinschaft Hilmer und Sattler zu integrieren. Ihnen war zwar der erste Preis im vom Berliner Senat 1991 ausgeschriebenen Wettbewerb für die Platzgestaltung zugesprochen worden, was aber lediglich bedeutete, ihre Vorschläge als Grundlage für die Aufstellung neuer Bebauungspläne zu nutzen.

Renzo Piano hatte den folgenden, vom Hauptinvestor Daimler-Benz ausgelobten Realisierungswettbewerb für den Potsdamer Platz gewonnen und legte 1993 seinen Masterplan vor, der nun den Rahmen für verschiedene Einzelentwürfe auf dem gigantischen Areal bildet. Fünf Architekturbüros errichten 19 Einzelgebäude. Das Deutsche Architekturmuseum stellt in seiner neuen Schau nun erstmals die Gesamt- und Einzelplanung vor, aber eben nur, insoweit sie die 68 000 Quadratmeter große Fläche betrifft, die Daimler-Benz bebaut.

Höhepunkt ist ein Modell im Maßstab 1:333, das aber nicht mehr als eine vage Vorstellung des neuen Stadtquartiers aus der Retorte vermitteln kann. Die Planungsstadien sind keinesfalls abgeschlossen; der Besucher schaut den Architekten noch über die Schulter. Dennoch soll der einst verkehrsreichste Platz Europas Berlion Mitte schon 1998 ein neues Gesicht geben.

Mischnutzung ist vorgesehen, die Funktionen Wohnen, Arbeiten, Vergnügen sollen nebeneinander ablaufen. Aber der Erfolg wird nicht zuletzt davon abhängen, inwieweit Individualität möglich ist oder von den aus dem Boden gestampften Baumassen zunichte gemacht wird. Im Moment

Flächenfraß

mühen sich die Baumeister, allzugroßer Uniformität entgegenzuarbeiten wie sie der Hilmer/Sattler-Entwurf mit seinen flächenfressend plazierten Baukastenlementen zunächst propagiert hat.

In der Reihe der Einzelbauten fallen diejenigen von Richard Rogers und Hans Kollhoff positiv auf. Daß die Inspirationsquellen, aus denen Architekten schöpfen, putziger Natur sind, verrät Kollhoff auf seinen Studienblättern: Für sein Hochhaus mit dreieckigem Grundriß saß ein Teddybär Modell. (Bis 26. März).

160 *Auch hier: Mancher versteht vielleicht noch nicht einmal mit Hilfe des letzten Satzes, was das Gebäude mit einem Teddybären zu tun hat.*

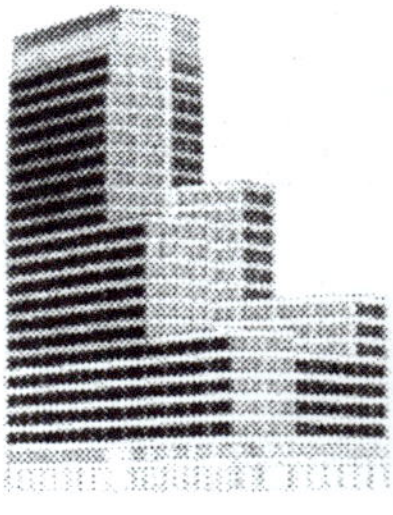

Hier stand das Steiff-Tier Potsdamer Platz in Berlin.

Die irreführende Überschrift

Von Überschriften, welche den Leser in die Irre leiten, gibt es zwei Sorten: die absichtlich irreführenden und die, die es ohne Absicht tun.

Es ist zu vermuten, daß es sich bei Beispiel 161 um Absicht handelt. Da zumindest Yellow Press-erfahrene Leser wissen, wie dick Marlon Brando geworden ist, ist einem Marlon Brando geplatzt überschriebenen Artikel Aufmerksamkeit sicher.

Die Tatsache, daß nicht der Mann, sondern sein Film geplatzt ist, wird hier der Verlockung der Formulierung geopfert. Doch wer interessante Formulierungen nur auf Kosten der Wahrheit zustandebringt, der wäre besser Schausteller geworden als Journalist.

Marlon Brando geplatzt

Belfast (AP). Ein Film mit Marlon Brando und Debra Winger in den Hauptrollen, für den in Irland bereits vor knapp zwei Wochen die Dreharbeiten begonnen haben, wird wohl nicht die Kinos erreichen. Jetzt stellte sich heraus, daß die vorhandenen Mittel die Produktionskosten von rund 23 Millionen Dollar nicht annähernd decken. Bei dem Film „Divine Rapture" handelt es sich um eine Komödie über die Wiederauferstehung einer Toten. Dem Vernehmen nach sollte Brando für die Rolle eines katholischen Gemeindepfarrers 6,5 Millionen Dollar erhalten, seine Partnerin Debra Winger für ihre Darstellung der Wiederauferstandenen 3,2 Millionen Dollar.

Marlon Brando

161

Keine Absicht bei der Formulierung einer irreführenden Überschrift ist in Beispiel 162 zu vermuten. Der Schienenbus, der angeblich einen Enkel hat, und dies auch noch im besten Sinne, wie die Bildunterschrift beteuert, kann selbst nach der Lektüre des kompletten Artikels nicht als Großvater identifiziert

llhoffs Modell eines Büro- und Geschäftshaus für den

werden; der Vater fehlt bis zum Schluß. Es muß sich um einen politischen Bus handeln; denn nur in den Parteien gibt es Enkel ohne Väter.

Rätsel für Gebildete

Die verschärfte Form des Headline-Rätsels findet man in Zeitungen, die ihre Leser für gebildet halten. In dem als Beispiel 163 abgebildeten Artikel über „Karakalpakistan“ hält es der Autor nicht für notwendig, den Leser über die geographische Lage dieses Landes aufzuklären, womöglich sogar mit Hilfe einer kleinen Grafik. Das ist besonders übel insofern, als uns, wie wir in der Bildunterschrift (s. 164) lesen, die vielen Gesichter des karakalpakischen Vielvölkerstaates gespannt in Erwartung der deutschen Hilfe ansehen.

162

Ein feiner Zug der Bahn: Der neue Leisegleiter, der gestern in Uerdingen vorgestellt wurde, ist im besten Sinne ein Enkel des legendären Schienenbusses. Auch für Zugbegleiterin Petra Michels ein ganz neues Fahrgefühl.

Der Schienenbus hat einen Enkel

Testfahrt im neuen Nahverkehrszug

. Der Zug summt übers Gleis, kaum ein Rumpeln auch bei Tempo 120. Nur wer sich in den bequemen Sitzen räkeln und seine müden Glieder ausstrecken möchte, stößt zumindest in der zweiten Klasse rasch an die Grenzen der Beinfreiheit. Erste Fahreindrücke eines neuen Triebwagens, mit dem die Bahn auch im Nahverkehr die Weichen auf Modernisierung stellen möchte. Gestern war für den Leisegleiter, den die Techniker phantasielos „VT 628.4/VS 928.4“ getauft haben, in Uerdingen Jungfernfahrt.

Ab Sommer 1994 wird der Enkel des Schienenbusses auch durchs Ruhrgebiet rauschen, bestätigte Manfred Pietschmann, Sprecher der Bundesbahndirektion Essen. Dann rollen die alten Silberling-Waggons Zug um Zug aufs Abstellgleis. 27 der schmucken Garnituren erhält das Essener Betriebswerk, eingesetzt werden sie etwa auf der Strecke Borken-Essen/Oberhausen. So mancher Fahrgast wird den fast baugleichen, aber PS-schwächeren Vorgänger schon von der Strecke Wesel-Bocholt kennen. Gebaut werden die Züge von der Siemens-Tochter Duewag-AG (Uerdingen), einer AEG-Tochter im ostdeutschen Hennigsdorf sowie dem Unternehmen Linke-Hofmann-Busch (Salzgitter).

Sie kosten pro Stück rund 3,5 Millionen Mark. Vorteil: So ein Triebwagen ist pro Fahrt nur halb so teuer wie ein Zug mit Lokomotive. Die Leichtbauweise ermöglicht zudem einen Dieselverbrauch von einem halben Liter pro 100 Kilometer und Sitzplatz. 190 neue Züge hat die Bahn bestellt.

Die Kinder vergiften sich beim Essen und Trinken Plansoll erfüllt, das Volk stirbt

Karakalpakistan ist Opfer seiner Monokulturen / Wo ist der Aralsee geblieben? / Von

NUKUS, im Januar. Ein Land – fast halb so groß wie Deutschland: das ist die Republik Karakalpakistan. Für ein solch großes Land erscheinen auch gut hundert Tonnen Medikamente im Wert von vier Millionen Mark, welche die Bundesregierung als humanitäre Hilfe spendete, als ein Tropfen auf einen trockenen Stein – nicht spurlos verdampfend, aber auch nichts höhlend. Auf der großen Fläche leben nur 1,2 Millionen Karakalpaken – pro Kopf der Bevölkerung also doch eine gewaltige Hilfe? „Die Bevölkerung am Aral stirbt aus", sagt Präsident Aschirbekow. Ein ganzes Volk ist todkrank – daran gemessen ist die deutsche Lieferung wie eine Akutdosis, sie stabilisiert den Zustand, für die Gesundung bedarf es allerdings weiterer Medikationen. Im Kinderkrankenhaus der Hauptstadt Nukus wird die deutsche Delegation, die den ersten Transport mit einem Frachtflugzeug der Ungarisch-Ukrainischen Luftfahrtgesellschaft begleitet hat, mit dem Elend der Gegend konfrontiert. In den beiden Zimmern der Reanimationsstation liegen die erbarmungswürdigsten Geschöpfe, Kinder von ein, zwei Jahren mit unvergeßlichen Gesichtern, die bewußtlos oder krank in letzter Minute hierher gebracht wurden, vergiftet von dem, was sie in ihrer täglichen Nahrung zu sich nahmen: Düngemittel, Pestizide, Entlaubungsmittel. Die Tonnenideologie, der Karakalpakistan seit den sechziger Jahren unterworfen wurde, als der Kreml die Forcierung des Baumwollertrages auf den Feldern südlich des Aralsees anordnete, droht nun diese Geschöpfe zu erdrücken: Die Kindersterblichkeit ist die höchste in der ganzen ehemaligen Sowjetunion. Dreitausend Kinder sterben jährlich im ersten Lebensjahr.

Die Karakalpaken, die sich der Nationalität nach aus Karakalpaken, Usbeken, Kasachen, Turkmenen, Tataren, Koreanern und achtzig weiteren Völkerschaften – auch eine Handvoll Deutsche leben hier – zusammensetzen, sind hin- und hergerissen zwischen ihren Erfolgen und dem vernichtenden Preis, den sie dafür bezahlen müssen. Das Elend beginnt damit, daß die beiden wichtigsten landwirtschaftlichen Produkte – Baumwolle und Reis – mehr Wasser brauchen, als in der Region vom Himmel fällt. Der Mangel wird mit künstlicher Bewässerung ausgeglichen; der Amu-Darja wurde in unzählige Kanäle verästelt, so daß zur Speisung des Aralsees kaum mehr etwas übrigbleibt; der einst viertgrößte Binnensee der Erde ist auf ein Drittel der von den Schulatlanten her bekannten Fläche geschrumpft. Im ganzen Land geben die Wasserbauingenieure den Ton an; nicht von ungefähr ist auch der Vorsitzende des Obersten Rates, Ubbinijas Aschirbekow, einer von ihnen. Der Gastgeber des Staatssekretärs Härdtl aus dem Entwicklungshilfeministerium, der die Medikamentenspende überbrachte, schildert im Kreis des Parlamentspräsidiums, aber auch in vertrauter Runde zu frühmorgendlicher Stunde immer wieder die Tragödie des Aralsees, dessen Wasserspiegel binnen zwanzig Jahren um 16 Meter gefallen und von dem ein Drittel, rund 20 000 Quadratkilometer, völlig ausgetrocknet sei – ein weiteres Drittel ist versumpft. Der Flug in einem gewiß vierzig Jahre alten Antonow-Doppeldecker über das Amu-Darja-Delta bis zur Wasserlinie zeigt eine Landschaft im Umbruch, nicht mehr See, noch nicht nutzbares Land. Im Parlament aber weist der Präsident angesichts der anwesenden heimatlichen Politiker und Journalisten die Schuld des Baumwolle-Primats weit zurück. Von den landwirtschaftlich nutzbaren zwei Millionen Hektar sei ohnehin nur ein Viertel genutzt, die Baumwollkulturen beanspruchten lediglich 140 000 Hektar, 360 000 Hektar würden anders bebaut. Aber zugunsten der Baumwolle werden die Riesenmengen Kunstdünger, Schädlingsvertilgungsmittel und sogar Entlaubungsmittel zur Erleichterung der Ernte eingesetzt. Immerhin ist es seit zwei Jahren verboten, Kleinkinder zur Ernte heranzuziehen, zu offensichtlich erschien dem Gesundheitsdienst der Zusammenhang zwischen dem intensiven Kontakt mit den Chemikalien und der Erkrankung der jungen Körper.

Aschirbekow ist in einer wenig beneidenswerten Lage. Er darf seinen Landsleuten nicht den Stolz auf ihre Heimat nehmen, und er weiß doch, daß es so nicht weitergehen kann. 420 000 Karakalpaken sind erwerbstätig, 360 000 arbeiten in der Produktion mit, die zum größten Teil Landwirtschaft und die Weiterverarbeitung ihrer Erzeugnisse heißt. 300 000 Tonnen Rohbaumwolle und genausoviel Reis, aber nur 100 000 Tonnen andere Nahrungsmittel sowie 20 000 Tonnen Fleisch müssen hervorgebracht werden, um den Lebensstandard zu halten, aber schon heute gibt der Boden nur zwanzig Prozent weniger Baumwolle und zehn Prozent weniger Reis her als vor fünf Jahren. Die Verführung, mit massiver Düngung das Allerletzte herauszuholen, ist groß. Der Präsident preist die Qualitäten an, bei den Tomaten braucht er unter Berufung auf ausländische Experten den Vergleich mit niederländischer Ware nicht zu scheuen – auch wenn jetzt nur zwölf Prozent der früher üblichen Pestizidmenge verstreut werde. Der 49 Jahre alte Ingenieur sucht Zuflucht bei den Statistiken, um die Lebensqualität zu beweisen: 150 Buchtitel seien im vergangenen Jahr erschienen mit einer Gesamtauflage von zwei Millionen Exemplaren. Aber auch die Widerlegung kommt aus den Statistiken. Die Krankheitsrate habe sich in zehn Jahren verzehnfacht, sagt Aschirbekow. Die Zahl der Bronchitiserkrankungen sei auf das 28fache gestiegen, die der Lungenerkrankungen auf das Vierzigfache. Habe es 1980 nur 96 Fälle von Tuberkulose je 100 000 Einwohner gegeben, so seien es nun 193 Fälle.

Bei der Zusammenstellung der deutschen Spenden im Auftrag der Bundesregierung hatte die Eschborner Gesellschaft für Technische Zusammenarbeit (GTZ) nicht nur die verbreitete Blutarmut der Mütter und Kinder zu berücksichtigen, sondern auch die Explosion der Tumorerkrankungen unter den Karakalpaken. Speiseröhrenkrebs kommt in der Teilrepublik siebenmal häufiger vor als im usbekischen Durchschnitt. Und wo es nicht um spezielle Krankheiten geht, da lassen Entwicklungsstörungen und Kleinwüchsigkeit keinen Zweifel daran, daß mit den Menschen am Aralsee etwas nicht in Ordnung ist.

Was folgert man in Nukus aus den katastrophalen Zuständen? Der Wasserbauingenieur Aschirbekow nannte an erster Stelle, daß die Bewässerung der Felder drastisch eingeschränkt, die Verschmutzung der Zuleitungen gebremst, die Trinkwassergüte verbessert werden müßten. Aber alles läuft darauf hinaus, noch einmal Hand an die Natur anzulegen: „ein völlig neues Ökosystem" soll erstellt werden. Man will sogar neue Seen einrichten, auch wenn die Erhaltung des Aralsees „ganz oben steht" – so weit oben, daß man „andere Wasserläufe dorthin umleiten wolle", was selbstverständlich „gewaltiges Kapital" erfordere: Die Zeit der sozialistischen Gigantomanie scheint hier noch nicht vorbei zu sein. Aber es gibt Anzeichen dafür, daß neue Überlegungen die Oberhand gewinnen werden. Die Karakalpaken haben sich doch noch nicht aufgegeben.

Die vielen Gesichter des karakalpakischen Vielvölkerstaates – gespannt in der Erwartung der deutschen Hilfe.

164

Die Mogelpackung

Zum Arsenal des Leserfoppens gehört auch die Mogelpackung. Sie verspricht auf den ersten Blick eine interessante Information oder eine gute Unterhaltung; doch merkt man erst, nachdem man – irregeleitet – seine Zeit für den Beitrag verschwendet hat, daß sie ihr Versprechen nicht einhält.

Die Mogelpackung kommt in zahlreichen Varianten vor. Beginnen wir mit der dümmlichen, aber gut gemeinten.

Schmuckbild als Info verkauft

Diese Form der Mogelpackung ist in Lokalteilen und auf den sogenannten bunten Seiten besonders häufig anzutreffen. Sie kommt immer dann leicht zustande, wenn ein vorhandenes Foto einfach nur die Seite schmücken würde, es aber sonst eigentlich keinen Grund gibt, es zu bringen. Da wird dann ein Grund dazu erfunden, wie in Beispiel 165.

Betrachten wir die langatmige Argumentation: Ein Fünfjähriger wird zum Däumling deklariert, David und Goliath werden bemüht, ein optischer

Däumling und Zwölfling

Daß Fünfjährige Straßenschilder überragen, gehört zu den unwahrscheinlichen Dingen des Lebens. Daß aus dem kleinen David auf dem Foto dennoch ein Goliath wurde, hat auch nichts mit einem optischen Taschentrick unseres Fotografen zu tun. Die Erklärung der ungewöhnlichen Perspektive: Der Zwölfling liegt am Boden, der Däumling stieg ihm aufs Haupt.

165

Taschentrick unseres Fotografen – was immer das ein mag (wahrscheinlich ein Taschen*spieler*trick) muß herhalten, das Ganze auch noch mit einem Fehler in der Silbentrennung. Und das alles, um zu kaschieren, daß das Bild nichts weiter ist als ein Schmuckbild.

Die kalten Schultern zeigen sich Charles und Di seit gestern auch im Berliner Panoptikum am Kurfürstendamm: Nach der königlichen Trennungsmeldung aus London drehte Panoptikum-Chef Micklich die Figuren einfach um – und nun lächeln sie in verschiedene Richtungen. Wie im echten Leben . . .

166

Die Pseudo-Nachricht

Auch die Pseudo-Nachricht gehört in die Folterkammer für eilige Leser.

Einer der beliebtesten Foppvorgänge stammt aus dem Hause Madame Tussauds oder aus ähnlichen Einrichtungen (s. 166): Der Leser soll ein verblüffendes Bild von Prominenten für ein echtes halten und wird dann in der Bildunterschrift über seinen Irrtum aufgeklärt. Haha!

Die drei Komik-Pünktchen fürs Weiterdenken dürfen am Ende einer solchen erhellenden BU natürlich nicht fehlen...

Die Pseudo-Nachricht bedarf nicht unbedingt des Bildes. Jedes Jahr vor Weihnachten taucht zum Beispiel in Regionalzeitungen die „Nachricht“ auf, daß es wieder viel Post für den Weihnachtsmann gibt – in Himmelsthür natürlich, wo denn sonst?

Man ist ja schon fast dankbar, wenn dann im „Bericht im Zeitgeschehen“ wieder einmal das Ortseingangsschild auftaucht; dann erkennt man den Beitrag sofort als den bekannten alten Quatsch und braucht seine Zeit nicht unnötig zu verschwenden.

Weihnachtsmann bekommt viel Post

Himmelsthür. Hochbetrieb bei Weihnachtsmann und Nikolaus. In den Postämtern der Gemeinden Himmelsthür und Nikolausdorf kommen jährlich 40 000 Kinderbriefe an, die beantwortet werden.

167

Die Redundanz

Zum Leserfoppen gehört es auch, ein und dieselbe Information in immer neuen Worten wiederzugeben und so die Nachricht künstlich zu längen.

Das kommt nicht vor? – Irrtum. Unter 168 finden Sie ein Beispiel für eine Aussage, die in einem relativ kurzen Text (von der Titelseite der betreffenden Zeitung) *fünfmal* verkauft wird. Eine Mogelpackung, wie sie schlimmer nicht im Supermarkt-Regal stehen kann.

Kohl: Freiwillig länger arbeiten

Blüm: Bei der Rente nicht wackeln

BONN. Bundeskanzler Helmut Kohl und Arbeitsminister Norbert Blüm haben sich für eine Verlängerung der Lebensarbeitszeit auf freiwilliger Basis ausgesprochen.

Sie wiesen damit Berichte über angebliche Unions-Pläne zurück, die Arbeitszeit bis zur Rente um fünf Jahre bis zum 70. Lebensjahr heraufsetzen zu wollen. Die Bundesregierung werde derartiges nicht gesetzlich festlegen, sagte der CDU-Vorsitzende in Nürnberg. Blüm versicherte: „Bei der Rente wird nicht gewackelt." Ungeachtet der durch die Kosten der deutschen Einheit notwendigen Sparmaßnahmen bleibe die Rente „tabu". Manche Menschen seien schon mit 60 Jahren verbraucht, „andere wollen länger arbeiten. Wir ändern an der Rentenreform nichts".

Die „Bild"-Zeitung hatte berichtet, zur Sanierung der Staatsfinanzen werde in der Bonner Koalition eine Verlängerung der Lebensarbeitszeit von jetzt 65 auf 70 Jahre erwogen.

168 *Bei der Rente wird nicht gewackelt. Die Arbeitszeit bis zur Rente wird nicht heraufgesetzt. Bei der Rente wird nicht gewackelt. Die Rente bleibt tabu. Wir ändern an der Rentenreform nichts. – Fünfmal dasselbe in anderen oder sogar gleichen Worten. Wie dumm ist der Leser? Und wie sehr darf man ihn langweilen?*

Mit induktiven Texten auf die Folter spannen

Sie kennen die Marotte aus dem Fernsehen: Die Nachrichten beginnen. Aber nicht so, wie Sie es mit Fug und Recht erwarten dürfen, indem der Sprecher Sie zunächst einmal begrüßt. Nein, Sie werden mitten ins Geschehen hineingeworfen, und der Moderator hat schon mehrere lange Sätze über irgendein Unglück irgendwo in der Welt abgesondert, bevor er endlich den erlösenden Textanfangssatz spricht: Guten Abend, meine Damen und Herren.

Irgendein Unglück irgendwo in der Welt – denn natürlich haben Sie überhaupt nichts mitbekommen während dieser unglücklichen Einleitung; Sie haben ja darauf gewartet, daß dieser Typ endlich tut, was sich gehört, wenn er in Ihr Wohnzimmer kommt: „Guten Abend" sagen.

Geradezu dramatische Mißverständnisse können entstehen, wo – wie in manchen deutschen Landstrichen üblich – Guten Abend auch „Auf Wiedersehen" bedeuten kann. Da könnte ja einer denken: Verdammt, schon wieder die

Nachrichten verpaßt! Obwohl sie doch grad erst anfangen!

Die induktive Marotte wird im Verlauf solcher originellen Sendungen dann gerne weiter gepflegt. Das klingt dann etwa so:

In den zwanziger Jahren bereits stand er als kleiner Junge auf den Brettern, die die Welt bedeuten. Nach dem Kriege erhielt er sein erstes Engagement bei Schmidt in A-Stadt. In den 60er Jahren avancierte er zu *dem* Charakterschauspieler schlechthin. Jetzt ist er im Alter von X in B-Dorf an Krebs gestorben: Jetzt endlich kommt der Name.

Nichts gegen induktive Texte: Es muß nicht immer erst die eigentliche Nachricht kommen und dann der Hintergrund. Ein umgekehrter Textaufbau kann durchaus abwechslungsreich und spannend sein. Aber auf die Dosierung kommt es an. Man sollte einen Zuhörer ebensowenig auf die Folter spannen wie einen Leser. Man riskiert sonst, daß man ihn verärgert und auf halber Strekke verliert.

In seiner Kleidung und in seinen Umgangsformen sei er so korrekt und verbindlich wie in seiner Musik. Die Charakterisierung von Paul Griffiths würde bei den meisten Künstlern des zwanzigsten Jahrhunderts als ein hämisches Lob verstanden werden, sozusagen als die Anspielung auf eine hinter Schlips und Kragen versteckte musikalische Konvention. Im Falle des Komponisten Witold Lutosławski trifft die Beschreibung zu, ohne daß zugleich ein pe-

169

Marktöffner für Ostdeutschland

Für ihn hat in der Öffnung der westlichen Märkte für ostdeutsche Produkte schon immer ein Schlüssel für den wirtschaftlichen Umbau in den neuen Bundesländern gelegen. Er hat frühzeitig gefordert, daß die öffentlichen Hände, sprich Bund, Länder und Gemeinden, gezielt in Ostdeutschland einkaufen sollen. Jetzt soll er selbst die öffentliche Nachfrage in Ostdeutschland fördern: der 64 Jahre alte SPD-Politiker und frühere Hamburger Bürgermeister Klaus von Dohnanyi. Er wird sich künftig für die Treu-

170

Leider hat die Fernsehmarotte der gehäuften induktiven Textanfänge auch in den Printmedien Schule gemacht. 169 und 170 sind Beispiele.

Das ist sehr bedauerlich. Denn eines ist klar: Anders als der Hörer *kann* der Leser zwar im Text zurückgehen, aber er *will* es nicht. Darum lautet eine wichtige Forderung des Lesers an den Journalisten:

Wenn Text und Bild sich widersprechen

Auch *damit* nimmt man den Leser auf den Arm: wenn Textinformation und Bildinformation sich ganz offenkundig widersprechen. Daß dabei nicht selten groteske oder lächerliche Effekte herauskommen, zeigen die Beispiele 171 bis 174.

Die Niederlande besucht Bundeskanz Helmut Kohl. Hier d kutiert er mit dem niederländischen Ministerpräsidenten Ru Luebbers. Auch ein Besuch bei Königin Beatrix stand auf de Programm.

172 *Man hatte sich die Niederlande immer irgendwie anders vorgestellt.*

Schweißtreibend

Insgesamt 184 Teilnehmer waren zum 24-Stunden-Jive-Marathon der Tanzschule [redacted], anläßlich des Welttanztages und zu gunsten der Aktion Sorgenkind, gekommen. Beim Tag der offenen Tür wurde auch Karaoke gezeigt.

171 *Wo ist der Schweiß?*

173 *Vier Männer beim Beckenbodentraining sind zugegebenermaßen eine reizvolle Vorstellung.*

Beckenbodentraining ist nur eins der vielen Angebote, die im „Gesundheitszentrum Nord", beheimatet im Marienhospital, demnächst geplant bzw. ausgebaut werden sollen. Die Palette reicht von A wie „Aktiv im Alter" bis Y wie „Yoga".

13 Frauen stehen nach dem Ende des Projekts mit leeren Händen da.

174 *Wo sind die leeren Hände? Und wieso sind das dreizehn Frauen?*

Der Frühling steht ab heute nicht nur auf dem Straßenschild. Er ist da, sagt der Kalender. Und er sieht mit einem Strauß Frühlingsblumen und einem strahlenden Lächeln auf der Frühlingsstraße besonders schön aus. Auch das Wetter wird von Tag und Tag besser. Bis zum Freitag werden die Temperaturen bis auf 15 Grad steigen, meinen die Meteorologen. Und die Natur blüht auf.

175 *und* **176** *Ganz und gar sagenhaft ist dieses Fundstück, bei dem die Leser einer Regionalzeitung auf dem Titel den Frühling verkauft bekamen und im Lokalteil, an derselben Stelle fotografiert, den Winter.*

Der Frühling ist da – im Kalender

Nicht einmal an der Frühlingstraße in spürt Olga derzeit etwas von der wärmeren Jahreszeit.

Arbeitslose Erfurterinnen schildern ihre Schicksale

Frauen zu Gast in katholischen Kirchengemeinden

„Nach der Kündigung habe ich mich erstmal verkrochen. Es war für mich eine Schande, arbeitslos zu sein.“ Eva Lundershausen (55) erzählt gefaßt, was ihr die deutsche Einheit gebracht hat. Die Erfurterin, die mit neun anderen Frauen St. Ignatius und St. Ludgerus auf Einladung des katholischen Frauenbundes besuchte, hat Monate gebraucht, um darüber reden zu können, doch ihr linkes Auge zuckt bei jedem Satz. Seit sie das Kündigungsschreiben in der Hand hielt, zeigt ihr Körper durch das nervöse Nervenleiden die seelischen Schmerzen. Die Kauffrau ist Mitglied der „Erfurter Klosterrunde“, ein Frauenkreis, deren frommer Namen verschweigt, daß es sich um eine Arbeitslosen-Selbsthilfegruppe handelt.

Doch der Name soll absichtlich in die Irre führen. „Jeder versucht es zu verbergen, hat Angst sich zu verraten“, erzählt Eva Lundershausen. Obwohl die Arbeitslosigkeit, ein öffentliches Problem ist, wird sie im Privaten versteckt.

Fast 40 Jahre hat die 55jährige gearbeitet. Nach dem Ingenieur-Ökonomie-Studium leitete sie die Aus- und Fortbildungsabteilung eines Bergbau/Energie-Betriebes. 1991 stieg die Firma Siemens ein, 800 Leute wurden entlassen.

Eva Lundershausen hofft, nachdem Gespräche in der Klosterrunde ihr Selbstvertrauen stärkten, noch eine Arbeit im Pflegebereich zu bekommen. „Damit ich mich nicht nutzlos fühle, kümmere ich mich um Senioren eines AWo-Wohnheims.“

Eva Hammer (51) bekam die Kündigung mit der Spruch: „Sie sind ja abgesichert durch ihren Mann“ überreicht. Doch mehr noch als die Entlassung aus dem Molkereibetrieb in dem sie zuletzt die Schul

Nachgehakt

milchversorgung organisierte, ärgern sie „die alten Bosse, die alle noch drin stecken.“

Ohnmächtige Wut steigt in ihr auf, wenn sie an die Schikanen denkt, denen Betriebsangehörige ausgesetzt waren: „Wenn sich in der Kantine jemand mit einem Stuck „West“-Käse blicken ließ, ging das Geschrei los. Jetzt tun die Herren so, als hätten sie die Marktwirtschaft erfunden.“

Dank ihrer speziellen Ausbildung (Lebensmitteltechnologie-Studium mit Schwerpunkt Milchwirtschaft) ist Eva Hammer nicht vermittelbar. Sie macht eine Computer-Umschulung mit und will sich irgendwie bis zur Rente durchhangeln.

Ilse Neumeister (60) hat die Klosterrunde mitgegründet. Die Sozialpädagogin, die seit 23 Jahren in der evangelischen Kirche arbeitet, ist selbst außer Gefahr. Doch dafür steht ihre Tochter auf der Straße: „Sie ist Apothekerin. In ihrem Betrieb wurden die Jüngeren entlassen, um die über 50jährigen zu schonen.“

177 *Diesen Frauen muß es aber gut gehen! Oder warum strahlen die so?*

Irreleitung durch das Layout

Ist es Ihnen auch schon passiert, daß Sie ein Bild zu einem Text nicht verstanden haben und eine Weile herumgerätselt haben, bis Sie merkten, daß das Bild ja auch zu einem ganz *anderen* Text auf der Seite gehört? Man fühlt sich als Leser dann doch ganz schön auf die Schippe genommen oder – was schlimmer sein mag – man verachtet die Macher des Blattes wegen ihrer Unfähigkeit.

Solche Fälle von Irreführung durch das Layout, von denen ich viele gesammelt habe, können hier leider aus Platzgründen einerseits und aus Angst vor der sofortigen Identifizierbarkeit eines Blattes andererseits nicht gezeigt werden.

Die gekonnte Zuordnung von Text und Bild im Sinne einer intelligenten Blockbildung ist ohnehin ein Thema, das ein ganz *eigenes* Buch verdiente. Hier wäre vor allem für Zeitungsmacher viel von gut gemachten Schulbüchern zu lernen, aber auch von den Zeitschriften der neuen Generation, von Focus, MAX, TV Spielfilm und wie sie alle heißen, Blättern, die nicht ohne Grund ein relativ gebildetes und relativ junges Lesepublikum finden.

Nicht nur durch eine unklare Zuordnung von Bild und Text kann allein das Layout den Leser in die Irre leiten, sondern auch durch mehrgliedrige Überschriften, die nicht auf Anhieb als solche zu erkennen sind. Abbildung 178 ist ein Beispiel dafür. Denn hier ist nicht etwa Steffi im Finale von Martinez entthront worden, sondern Martinez ist entthront worden und Steffi ist im Finale.

Ironie: Wehe, wenn sie ernst genommen!

Wir können das Thema Leserfoppen nicht verlassen, ohne das gefährlichste Terrain, die Ironie, gestreift zu haben. Denn *jeder* Schreiber, der sich für halbwegs intellektuell hält, möchte sich gelegentlich öffentlich in seiner Fähigkeit der uneigentlichen Sprache gefallen und

Martinez entthront
Steffi im Finale

Steffi Graf – Wimbledon ist ihr Turnier. Gegen Jana Novotna erreichte sie zum siebtenmal das Endspiel.

178

Holt die Gräfin ihren 6. Titel?

● Herrlich, Steffi! Unsere Tennis-Gräfin haute der erste Satz-Verlust im gesamten Turnier nicht um – sie gewann gegen Jana Novotna aus Tschechien noch 5:7, 6:4, 6:2 – und steht morgen in ihrem siebten Wimbledon-Endspiel! Gegnerin: Arantxa Sanchez, die Titelverteidigerin Conchita Martinez 6:3, 6:7, 6:1 entthront hatte. Holt Steffi ihren 6. Titel?

Das Halbfinale war ein hartes Stück Arbeit. Steffi danach: „Ich hab' im Kabinengang geschrien vor Freude. Nach dem 1. Satz dachte ich schon: ‚Das war's.'"

Unglaublich nämlich, was die laufstarke Jana Novotna (bei Steffis 2:1-Führung) alles zurückbrachte. Steffi zeigte Nerven: Leichter Volleyfehler – Break zum 4:5 kassiert.

Die Gräfin gleicht aus, doch mit zwei Doppelfehlern und einem weiteren Volleyfehler fängt sie das nächste Break – nach 42 Minuten ist der erste Satz 5:7 futsch.

Auch der zweite Satz läuft erst nicht: Break zum 0:1, der dritte leichte Netzball ins Aus, Steffis Lobs zu kurz. Kaum zu glauben: Als Steffi einen zu kurzen Novotna-Ball nur übers Netz stupsen will, läßt sie ihn zweimal auf ihrem Schläger auftippen – Punkt weg, Steffi faßt sich an die Nase.

Aber: Als Novotna das Break zum 4:3 vergibt, zeigt die Blonde aus Brünn in Tschechien erstmals Emotionen und meckert. Sollte sie wie schon mehrfach bei Führungen an ihren schwachen Nerven scheitern? Tatsächlich: Mit einem bretthärten, mutigen Cross holt Steffi das Break zum 5:3. Rebreak Novotna, sie strahlt – doch Steffi packt sich den Satz „zu Null" – 6:4, Satzausgleich!

Vergessen das Unwohlsein fünf Minuten zuvor: Steffi ließ WTA-Physiotherapeutin Kathleen Stoia kommen, schluckte zwei Kopfschmerz-Tabletten.

Abgehakt – jetzt war Steffi nicht mehr zu bremsen: Nach vielen Fehlern auf beiden Seiten setzte sich ihr eiserner Siegeswille durch: 4 Breakchancen abgewehrt, 6:2 – der Sieg nach 2:08 Stunden. Was für ein strahlendes Steffi-Lächeln zum Schluß!

Die Novotna zerknirscht: „Heute hätte ich jede geschlagen – nur eben nicht Steffi."

erleben, wie seine Leser seine Auslassungen als Aperçus empfinden.

Schlimm wird es nur dort, wo die ironische Sprachebene vom Leser nicht als solche erkannt wird; und damit muß man in Deutschland eigentlich immer rechnen.

Der einzige vor solchem Nichterkennen einigermaßen gefeite Platz in einer regionalen Abonnementszeitung ist die als solches gekennzeichnete „Glosse". Aber selbst die wird – wie einschlägige Leserbeschwerden zeigen – noch gelegentlich für bare Münze genommen.

Unter Fußnotologen

Die Häufigkeit der Fußnote, namentlich im rechtswissenschaftlichen Schrifttum[1], steht in einem auffälligen Gegensatz zu der geringen wissenschaftlichen Behandlung[2], die die Fußnote als solche erfahren hat. Die Fußnote ist (oder gibt vor, es zu sein[3])[4] Träger wissenschaftlicher Information[5], aber nicht wissenschaftlicher Betrachtung. Soweit ersichtlich, hat selbst die Wissenschaftslehre[6] die Fußnote noch nicht ernstlich thematisiert. Eine selbständige wissenschaftliche Disziplin von der Fußnote, die man als Fußnotenlehre[7] bezeichnen könnte, harrt noch der Begründung. Dieser unbefriedigenden Situation soll der nachfolgende Beitrag entgegenwirken. Mit ihm soll ein Anstoß zu Begründung einer Fußnotenlehre (Fußnotologie) als eigenständiger Wissenschaft von der Fußnote[8] gegeben werde.

Peter Rieß, „Vorstudien zu einer Theorie der Fußnote", in: Peter Rieß, Stefan Fisch, Peter Strohschneide, Prolegomena zu einer Theorie der Fußnote, LIT Verlag, Münster und Hamburg 1995.

Ironie? – Signale bitte!

Nun muß man sich ja nicht gerade an den dümmsten Lesern orientieren, weil man dann Gefahr läuft, den intelligenten gar nichts mehr zu bieten; aber man sollte ironisch gemeinte Texte erstens nur schreiben, wenn man es wirklich kann (und das ist bei den wenigsten Autoren der Fall), und sie zweitens durch ihre Plazierung, ihre Typographie oder ihre Bezeichnung auch als solche kenntlich machen.

In der Nachrichtengebung hat die Ironie absolut keinen Platz; und dort, wo jemand – etwa ein Politiker – mit einer ironischen Äußerung zitiert wird, muß man höllisch aufpassen, daß nicht etwa durch einen falschen Konjunktiv bei einer indirekten Rede oder durch andere Ungeschicklichkeiten die Autorschaft der Ironie unklar wird.

179 *Ernst oder nicht ernst? Nur erfahrene Leser des Blattes können diese Frage außerhalb des 1. April auf Anhieb beantworten.*

Der traurigste Merkspruch dieses Buches

Zugegeben: Ironie kann erheblich zum Lesevergnügen beitragen, und aus diesem Grunde soll es ja Menschen geben, die die Süddeutsche hauptsächlich wegen des „Streiflichts“ abonnieren (was man an vielen Tagen nachvollziehen kann); aber plötzlich und unerwartet sollte man sie nirgendwo ins Spiel bringen. Sie wird zu leicht mißverstanden.

Darum – so traurig es auch sein mag – merken Sie sich am besten den folgenden Spruch:

Sprachverstöße

Der Journalist als Banause

In diesem Kapitel wollen wir uns mit jenen häßlichen, gebildetere Leser unweigerlich abstoßenden Erscheinungen in der Zeitungssprache beschäftigen, die bei einem guten Deutschunterricht (einer, der tunlichst schon in den Schulen begönne) nicht nötig wären. Gemeint sind die häufig anzutreffenden Verstöße gegen simple Sprachregeln, die man lernen kann. Beginnen wir mit einem der größten Übel, dem Konjunktiv.

Kummerkind Konjunktiv

Es ist Gegenstand zahlloser Beschwerdebriefe von Deutschlands Oberlehrern, und der oberlehrerhafte Ton ist unerträglich; aber recht haben sie natürlich, die Besserwisser:

In Deutschlands Zeitungen wird ständig gegen die Regeln des Konjunktivs verstoßen, meist im Zusammenhang mit der wörtlichen Rede.

Typisches Beispiel: Der Angeklagte behauptete dagegen, die Frau hätte schon vorher in dem Wagen gesessen. Nicht hätte muß es heißen, sondern habe.

Im Beispiel hat jemand Konjunktiv 1 und Konjunktiv 2 durcheinandergeworfen. Zwei Gründe gibt es, warum das so häufig passiert.

Problem Nr. 1

Der Konjunktiv 1 in der indirekten Rede ist eine Form, die in der gesprochenen Sprache durchweg durch den dort an sich „falschen" Konjunktiv 2 ersetzt wird. Etwa so:

Und dann hat die doch tatsächlich behauptet, sie hätte mich angerufen.

In der Schriftform müßte es natürlich korrekt heißen:

Sie behauptete dann auch noch, sie habe mich angerufen.

Aber – gestelzt gesagt – wenn einer so daherredete, hieße es: „Der spinnt!"

Hier taucht ein weiteres Phänomen auf, das zur Verwirrung um die Konjunktiv-Formen beiträgt: Manche Konjunktiv 2-Formen werden als hochgestochen und antiquiert empfunden und durch die Umschreibung mit würde ersetzt.

Nehmen Sie bitte einmal an, der Satz Aber wenn einer so daherredete, hieße es: „Der spinnt!" stünde nicht in einem Buch, sondern würde mündlich geäußert. Selbst in einem Sprachseminar würde sein Benutzer aus der Sorge heraus, für verschroben gehalten zu werden, lieber formulieren:

Aber wenn einer so daherreden würde, würde es heißen: „Der spinnt!"

Problem Nr. 2

Der zweite Grund, warum sich viele Schreiber mit dem Konjunktiv so schwer tun, ist, daß die Form des Konjunktiv 1 längst nicht in allen Personen aller Verben eindeutig ist. Vielfach fällt sie äußerlich mit den Indikativ-Formen der Verben zusammen.

An dieser Stelle mußte ich in den Seminaren mit Journalisten feststellen, daß es an der grundsätzlichen Kenntnis über die verschiedenen Aktionsformen (Modi) der deutschen Verben durchaus mangelt. Für alle, die ebenfalls einen kleinen Exkurs gebrauchen können, darum hier ganz kurz das Grundgerüst. Wir unterscheiden 3 Modi (Aktionsformen) des Verbs:

- Indikativ (= Wirklichkeitsform)
- Konjunktiv (= Möglichkeitsform)
- Imperativ (= Befehlsform)

Der Konjunktiv dient dazu, eine Aussage als Wunsch oder Begehren, als nur vorgestellt und irreal oder als eine ohne Gewähr vermittelte Aussage eines anderen hinzustellen – so für jedermann nachzulesen in der Duden-Grammatik. Während es in den anderen beiden Modi nur *einen* Formensatz gibt, kennt der Konjunktiv zwei: Konjunktiv 1 und Konjunktiv 2.

So bildet man die Konjunktiv-Formen

Der Konjunktiv 1, also derjenige, der bei eindeutiger Formenbildung für die indirekte Rede zu wählen ist, wird aus den *Präsensformen* der Verben gebildet:

Max sagte: „Ich mache mit.“
→ Max sagte, er mache mit.

Pit sagte: „Ich habe gelogen.“
→ Pit sagte, er habe gelogen.

Der Konjunktiv 2 wird aus den *Präteritumformen* der Verben gebildet und dient vor allem dazu, die Aussage seines Satzes als irreal, nicht zutreffend, zu kennzeichnen:

Ich habe keine Zeit;
darum komme ich nicht.
→ Wenn ich Zeit hätte, käme ich.

Ich hatte keine Zeit;
darum bin ich nicht gekommen.
→ Wenn ich Zeit gehabt hätte,
wäre ich gekommen.

180 *Story hat also geschrieben, der Vater von Prinz Claus habe Selbstmord begangen. Es ist nichts weiter gefragt als diese indirekte Rede mit dem Konjunktiv 1, der bei habe so eindeutig ist, daß ein Ausweichen auf hätte nun wirklich nicht nötig ist.*

Er hätte Selbstmord begangen, wenn er so viel schlechtes Deutsch hätte lesen müssen. Dieser Satz besagt: Er hat keinen Selbstmord begangen, denn zum Glück mußte er nicht so viel schlechtes Deutsch lesen.

Prinz Claus

Prinz klagt Zeitung an

Den Haag – Prinz Claus der Niederlande klagt gegen die holländischen Boulevard-Gazette „Story“. Er fordert Schmerzensgeld in Höhe von 25 000 Gulden sowie eine Gegendarstellung, weil das Blatt Unwahrheiten über den Tod seines Vaters, Claus Felix von Amsberg, verbreitet hatte. „Story“ schrieb, der Vater von Prinz Claus hätte 1953 Selbstmord begangen – was nachweislich nicht stimmt.

DÜSSELDORF. Zu dem Entwurf des Standortsicherungsgesetzes erklären die acht Spitzenverbände der Wirtschaft in einer gemeinsamen Stellungnahme gegenüber dem Bundesfinanzministerium, angesichts des sich verschärfenden internationalen Wettbewerbs und einer langsamer werdenden Konjunktur wären die Fortsetzung der Steuersenkungspolitik der 80er Jahre und strikte Haushaltsdisziplin auch jetzt das richtige Konzept.

181 *Bei Beispielen wie 180 schleicht sich immer leicht der Verdacht ein, die falschen Konjunktiv-Formen seien ein Problem der schlechteren Schreiber in den weniger seriösen Ressorts der Regionalzeitungen. Das stimmt keineswegs. Und um es nicht bei der Behauptung zu belassen, hier ein kleines Beispiel aus einem national verbreiteten, hoch angesehenen Blatt. Die Spitzenverbände haben natürlich erklärt, daß Steuersenkung und Haushaltsdisziplin das richtige Rezept seien*

182 *Wenn Dummheit wehtäte, dann käme niemand auf die Idee, einen Konjunktiv 2 mit einer eindeutigen und keineswegs antiquierten Form durch eine Konstruktion mit würde zu ersetzen. Aber Dummheit tut nicht weh, und darum kommen die Leute auf solche Ideen.*

Wenn Dummheit wehtun würde...

Zwiesel – Am Grenzübergang Bayerisch Eisenstein. Ein Autofahrer (40) rollt im geklauten Mercedes vor. Kontrolle, der Ganove fliegt auf. Auto beschlagnahmt, die Beamten erstatten Anzeige gegen den Mann. Kurz darauf kehrt der Gauner mit einem Fiat zurück. Er will damit den Anhänger abholen, den er nach der ersten Kontrolle zurücklassen mußte. Zweite Anzeige: Auch der Fiat ist gestohlen.

> Die Anrufe hatten Folgen bzw. Konsequenzen: So haben wir sehr ernst genommen, daß etliche Leser bemängelten, daß wir zu viele Fremdworte und unverständliche Fachbegriffe verwenden würden. Das läßt

183 *Hier will sich eine Redaktion zwar künftig bei den Fremdwörtern (nicht: Fremdworten) bessern; aber sie ist nicht in der Lage, eine unanstößige indirekte Rede zu formulieren. Unmöglich auch die Tautologie Folgen bzw. Konsequenzen (Konsequenzen sind Folgen!) und der daß-Satz innerhalb eines daß-Satzes. Und das alles in einem Textstück, in dem es um die Sprache geht!*

Die indirekte Rede

Mit dem Konjunktiv als Ausdruck eines Wunsches oder einer Vorstellung haben die wenigsten Probleme. Schwierig wird es stets bei seinem Gebrauch zur Wiedergabe der Äußerung eines anderen Menschen, in der indirekten Rede also. Und genau die ist für Journalisten so wichtig.

Schließlich gibt es Tage, an denen die Zeitung ganz überwiegend nicht über Ereignisse berichtet, sondern über Stellungnahmen *zu* den Ereignissen. Und wo solche Stellungnahmen nicht in wörtlicher Rede zitiert werden sollen, weil man sie straffen möchte, ohne immer Auslassungspünktchen zu setzen, ist stets die indirekte Rede gefragt und mit ihr der Konjunktiv 1, also der von den Präsensformen abgeleitete.

Voraussetzung ist allerdings, daß dessen Formen eindeutig sind, und das ist wie gesagt nicht immer der Fall. Dazu ein Beispiel: Ein Parteisprecher sagte, die Gremien tagten schon seit fünf Stunden, hätten aber noch keine Einigkeit erzielt.

Da die Konjunktiv 1-Form sich in der 3. Person Plural weder bei tagen noch bei haben von der Indikativ-Form unterscheidet, muß auf die Konjunktiv 2-Formen ausgewichen werden.

Anders hätte es in der 3. Person Singular ausgesehen: Ein Parteisprecher sagte, das Gremium tage schon seit fünf Stunden, habe aber noch keine Einigkeit erzielt.

Eindeutige Formen des Konjunktiv 1

Wer sich merken will, welche Konjunktiv 1-Formen eindeutig sind, statt sich auf sein Sprachgefühl zu verlassen:

- alle Formen von sein
- die 3. Person Singular aller Verben
- die 1. Person Singular der Modalverben (ich dürfe, könne, solle, wolle, müsse, möge)
- die 1. Person Singular von wissen (ich wisse)

Übung 18

Zum Einüben der korrekten indirekten Rede finden Sie im Anhang eine Übung, die am meisten Spaß zu zweit macht: Einer liest die wörtliche Aussage vor, während der andere sie sogleich in die indirekte Rede überträgt. Behalten Sie dabei den folgenden Merkspruch zum Konjunktiv im Kopf:

Falsches Präteritum – perfekt ist die Gestelztheit

Der folgende Abschnitt handelt von einem Virus, das unter höherbezahlten Sekretärinnen ebenso verbreitet ist wie unter Redakteuren, wenn sie Schlagzeilen formulieren: das Präteritum, das keines sein dürfte. Bitte betrachten Sie die einfachen Vergangenheitsformen in den Beispielen 184 bis 189.

Was erfahren wir aus Aussagen vom Typus 184 bis 189? – Wir erfahren etwas über ein Ereignis, das zwar gewesen ist, dessen Konsequenzen aber die Gegenwart des Autors und seiner Leser prägen. So etwas *kann* im Deutschen nicht im Präteritum stehen.

Wenn jemand Sie anruft, um Ihnen mitzuteilen, daß er im Lotto gewonnen hat, sagt er auch nicht Ich gewann im Lotto, sondern Stell dir vor: Ich habe im Lotto gewonnen!

Und wenn Sie in Ihrem Briefkasten einen Brief mit schwarzem Rand finden, steht da auch nicht drin Nach langer Krankheit starb am 3. Mai mein lieber Bruno, sondern Nach langer Krankheit ist am 3. Mai mein lieber Bruno gestorben.

Weil das Perfekt, das kraftvolle Tempus, eine zusammengesetzte Form ist, wird es von manchen als unelegant empfunden und von vielen Redakteuren als zu lang für ihre Überschrift. Dann sollen sie's doch anders sagen! Zum Beispiel:

Walter Erasmy ist tot. Das geht ja auch. Aber doch nicht: Walter Erasmy starb. Das ist kein Deutsch; das ist Englisch. Dort, hinterm Ärmelkanal ist es korrekt zu sagen: He died, wenn wir sagen Er ist gestorben.

Betrachten Sie bitte Abbildung 188. Dort wird nämlich auch noch die Todesursache mit der eigentlichen Nach-

Der Winter kehrte zurück

184 *Der Winter ist wieder da, und nun sind die Straßen glatt.*

Kabinett: Kohl entließ sieben Staatssekretäre

185 *Kohl hat die Leute entlassen – nun sind es ein paar weniger.*

Staatssekretär geriet ins Zwielicht

186 *Auch dieser Staatssekretär wird vielleicht demnächst entlassen. Denn er ist ins Zwielicht geraten, und da steht er nun!*

In Urlaub fuhren die Tölkes noch nie
Metaller-Familie zieht Bilanz: Alles wurde teurer

187 *Die Tölkes sind also noch nie im Urlaub gewesen – bis zum heutigen Tag!*

Walter Erasmy starb an Krebs
Ein Rundfunkmann der ersten Stunde

188 *Gestorben ist der Mann, und zwar an Krebs.*

Flugzeuge stießen zusammen: 132 Tote

189 *Da sind (vermutlich zwei) Flugzeuge zusammengestoßen, und jetzt sind 132 Menschen tot.*

richt verrührt. Dabei kann die Benennung der Todesursache nur die *zweite* Aussage sein. Erst einmal teilt man mit, *daß* jemand gestorben ist, und dann sagt man, *woran*. Alles andere ist zynisch.

Da das sogenannte „Ästhetenpräteritum", jene blutleere Form, die bei vielen Schreibern das kraftvolle Nachrichten-Perfekt verdrängt hat, sich wie ein Virus ausbreitet, bieten wir im Anhang eine kleine Abhärtungsübung an.

Übung 19

Zum Schluß noch ein kraftvoller Merkspruch zum deutschen Perfekt:

Amputierte Überschriften

Überschriften sollen kurz und präzise sein, sie sollen verlockend sein und sie müssen ins Layout passen. Die Folge: Unter Zeitdruck werden dann häufig vermeintlich überflüssige Elemente gestrichen und amputierte Texte folgender Art produziert:

Präsidentschaftswahl in Slowakei gescheitert

190 *Muß sich Ausländer Headline geschrieben haben!*

Beim Ausprobieren des Blitzlichtgeräts explodierte Bombe

191 *Ein Genitiv mit allen Schikanen; aber für eine Bombe hat es nicht gereicht. Wie, dann hätte es nicht ins Layout gepaßt? Wie wär's denn zum Beispiel mit Umformulieren? Zum Beispiel so: Blitzgerät ausprobiert: Bombenexplosion. Oder – weniger boulevardesk – so: Bombenexplosion beim Ausprobieren eines Blitzgeräts.*

In der Kokerei türmen sich die Sorgen

Arbeiter lassen Köpfe hängen

192 *Aus einer idiomatischen Wendung (den Kopf hängen lassen) darf man nun bestimmt keinen Artikel zwecks Verkürzung herausbrechen.*

SCHLESWIG-HOLSTEIN / CDU-Antrag zur Bekämpfung rechtsradikaler Gewalt abgelehnt

Christdemokraten im Kieler Landtag auf Suche nach effektiver Oppositionsstrategie

193 *Wer in seinem Zeitungskonzept so lange Überschriften zuläßt, der wird doch wohl noch Platz für Artikel finden. Etwa so: CDU im Kieler Landtag auf der Suche nach einer wirksamen Oppositionsstrategie. Oder – eleganter, weil verbal gewendet: CDU im Kieler Landtag sucht eine wirksame Oppositionsstrategie.*

Staatsschutz ermittelt / Ausländerfeindliche Parolen gesprüht / Erheblicher Schaden

In Kindergarten Hakenkreuze auf Wände

[redacted]. Mit ausländerfeindlichen Parolen, die an die Wände gesprüht wurden, und Schmiereien haben Unbekannte im Kindergarten [redacted] Die Täter haben Hakenkreuze auf die Wände gesprüht und SS-Runen an den Türen hinterlassen. Außerdem haben sie mehrere Kinderfarbe symbolisch eine Blutlache. In der Mitte dieser Lache wurde ein Teppichmesser gefunden. Zudem räumten die Täter, die eine

194 *Kein Platz für den Artikel? – Oft kann man auf Pluralformen ausweichen: Hakenkreuze auf Kindergarten-Wänden.*

Eichel will „Machtkartell" in SPD Frankfurt zerschlagen

195 *Auch hier kein Platz für die Sprachschönheit? Eichel gegen „Machtkartell" in der Frankfurter SPD – das hätte in die zwei Zeilen gepaßt.*

Sterbehelfer Atrott lief in Falle: Bei Giftverkauf an Lockvogel verhaftet

196 *Besonders kurios wirkt der fehlende Artikel bei festgefügten Wendungen wie in die Falle laufen.*

Die Fundstücke 192 und 196 muten besonders krank an, weil hier idiomatische Wendungen amputiert worden sind. Es heißt den Kopf hängen lassen und in die Falle laufen, und die bestimmten Artikel sind fester Bestandteil der Wendung. Sie herauszustreichen, ist unzulässig und häßlich zugleich. Das geht noch so weit, daß man demnächst eine Headline Mann fällt aus Rolle vorgesetzt bekommt!

Grammatikalische Bezüge

Nicht selten entsteht Verwirrung durch eine uneindeutige grammatikalische Zuordnung. In Überschriften ist das besonders ärgerlich, weil der Leser so gezwungen wird, einen Text nicht etwa zu lesen, weil sein Thema ihn interessiert, sondern weil er nur so das Rätsel um die Bedeutungszusammenhänge entschlüsseln kann. Nr. 197 ist dafür ein Beispiel.

Die Ortsangabe auf Bahndamm (wieder so eine amputierte Nominalphrase) schwirrt wie ein Raumschiff um den Aussagekern herum, ohne zu wissen, wo die Basis ist: Heißt sie nun Geld oder Weg?

Geld liegt für Weg auf Bahndamm schon bereit

Land unterstützt Umbau der alten Trasse

197 *Wie ist die Überschrift zu verstehen? Liegt das Geld auf dem Bahndamm? Oder ist das Geld für den Bahndamm?*

Tips gegen Rheuma am Telefon

198 *Gibt es Menschen , die am Telefon Rheuma bekommen? Oder hätte man nicht doch besser formuliert Telefontips für Rheuma-Kranke?*

Kommunen wollen Müllflut nach Feiertagen eindämme

Einen wahren Müllberg beschert die weihnachtliche Verpackungswut alljährlich den kommunalen Abfallämtern nach den Feiertagen. Nicht zuletzt aufgrund des Geschenkpapiers verdreifacht sich das Hausmüllaufkommen nach Weihnachten gegenüber normalen Werten.

Mit Appellen an das U weltbewußtsein der Bür hoffen die Städte in Südwe falen, der Abfallflut begegr zu können. Auch beim E sorgen der Weihnachtsbäu setzt man in Hagen, Arnsb oder Soest auf das Mitdenk der Verbraucher.

☐ Bericht siehe Zeitgesche

199 *Entsteht der viele Müll nach den Feiertagen oder wird erst nach den Feiertagen etwas dagegen unternommen?*

Präpositionale Ergänzungen, meist also Orts- oder Zeitangaben, sind besonders anfällig für solche Unklarheiten, wie sie die Beispiele auf diesen Seiten zeigen.

Wollen die Kommunen aus Beispiel 199 die sogenannte Müllflut (dauernd wird in Deutschland geflutet!) erst nach den bevorstehenden Feiertagen eindämmen oder wollen sie die stets nach Feiertagen anfallende Müllmenge verringern? Heißt die Basis für das Raumschiff nach Feiertagen also eindämmen oder Müllflut?

Was kann man aber gegen die unliebsamen Flugobjekte im Satz tun? – Wenn man sie nicht als solche erkennt, weil

Jubel in Arkansas, dem Heimatstaat Bill Clintons nach dem Sieg. Foto: AP

200 *War Arkansas nicht schon vor dem Sieg Clintons Heimat?*

das Sprachgefühl nicht fein genug entwickelt ist, leider gar nichts. Das ist so wie mit den Vexierbildern von Vasarely: Manche Leute sehen die zweite Perspektive einfach nicht.

Sind Sie aber hinreichend sprachsensibel, um das Hin- und Herspringen der Bedeutung zu empfinden, dann ist die Abhilfe einfach: Meist reicht schon Umstellen; andernfalls Umformulieren. An den Beispielen demonstriert:

Geld liegt für Weg auf Bahndamm schon bereit
→ Weg auf dem Bahndamm: Das Geld liegt bereit
oder
Das Geld für den Weg liegt auf dem Bahndamm
(was allerdings wohl nicht gemeint ist)

Kommunen wollen Müllflut nach Feiertagen eindämmen
→ Kommunen wollen weniger Feiertagsmüll
oder
Nach den Feiertagen wollen die Kommunen den Müll reduzieren
(was vermutlich nicht gemeint ist)

Manchmal ist auch ein Relativsatz schuld, daß ein Satellit aus der Bahn gerät. So ist es im Beispiel 200 geschehen. Bestimmt war Arkansas auch schon *vor* dem Sieg die Heimat des Bill Clinton. Hätte der Autor des Unglückssatzes ein Komma nach dem Relativsatz gesetzt, wäre das zumindest klar gewesen; aber ein schöner Satz wäre das natürlich nicht geworden:
Jubel in Arkansas, dem Heimatstaat Bill Clintons, nach dem Sieg.

Was ist passiert? – Der Satellit nach dem Sieg hat die Basis Jubel. Am liebsten hätte der Autor wohl gesagt: Jubel in Arkansas nach dem Sieg; aber dann hätte er seinen Relativsatz nicht mehr anhängen können.

Doch was hätte er tun können? – Ganz einfach umstellen: Nach dem Sieg: Jubel in Arkansas, dem Heimatstaat Bill Clintons. Oder, besser noch, die Bildunterschrift ganz ohne Nebensatz formulieren: Jubel über Clintons Sieg in dessen Heimatstaat Arkansas.

Da sind einem ja fast die Fälle schon lieber, wo die grammatikalischen Bezüge noch nicht einmal in *einer* möglichen Lesart richtig sind, sondern ganz und gar und rundheraus falsch. So wie in der viergliedrigen Überschrift aus Beispiel 199.

Sie fahren Luxus-Autos und schröpfen den Staat – Städtische Ermittler auf der Spur von Betrügern

Zuhälter kassierte Sozialhilfe

201 *Nicht jeder Journalist muß Roland Harwegs „Pronomina und Textkonstitution" gelesen haben; aber daß das vorausweisende Pronomen zu Beginn der Headline sich auf das Substantiv des Folgesatzes, nämlich die Städtischen Ermittler bezieht, das sollte man trotzdem wissen. Der Leser wird sich die Augen gerieben haben angesichts der Information, daß sie Luxus-Autos fahren und den Staat schröpfen.*

Ursache und Wirkung

Auch bei nahegelegten Schlußfolgerungen vermißt man in Zeitungsartikeln nicht selten die nötige Sensibilität.

Zunächst ein Wort zur Begriffsklärung. Stellen Sie sich vor, Sie sagen zu einem Kind: „Wenn du mir den Rasen mähst, bekommst du 5 Mark." Das Kind mäht den Rasen; es bekommt das Geld. Das ist klar.

Nun mäht das Kind den Rasen aber nicht. Bekommt es dann *auch* die 5 Mark? – Aber nein, werden Sie sagen; das ist doch klar.

Ist es aber eigentlich gar nicht; denn für diesen Fall haben Sie gar keine Aussage gemacht. Dennoch würde natürlich selbst das dümmste Kind diese Schlußfolgerung ziehen, die die Sprachwissenschaftler mit einem englischen Terminus so treffend „invited inference" nennen: eingeladene Folgerung.

Eingeladen werden Schlußfolgerungen aber nicht nur in Wenn-dann-Konstruktionen. Schon eine einfache Aneinanderreihung zweier Aussagen mit und kann bei geeignetem Bedeutungsgehalt der beiden Glieder einen gar nicht gewollten Ursache-Wirkung-Zusammenhang etablieren.

So konnte man zum Beispiel bei der Vergabe des Literatur-Nobelpreises an Derek Walcott in einer dpa-Meldung lesen: Der 62jährige Autor schreibt vor allem kulturkritische Gedichte und ist in Westeuropa weitgehend unbekannt. Welcher Leser würde da nicht in Gedanken ein deshalb ergänzen. Es ist ja nur zu verständlich, daß einer, der „kulturkritische Gedichte" schreibt, nicht bekannt sein kann. Das wollte dpa zwar sicher nicht zum Ausdruck bringen; aber so ist es wegen der geringen Sensibilität gegenüber eingeladenen Schlußfolgerungen angekommen.

Ungewollte kausale Verknüpfungen können aber auch durch andere Konstruktionen herbeigeführt werden. Dazu als Beispiele die Zeitungsausschnitte Nr. 202 und 203.

Kohls Gast muß eine aufmüpfige Koalition führen

Polens Präsidentin Suchoka in Bonn

202 *Hat die Tatsache, daß die Koalition „aufmüpfig" ist, etwas mit dem Besuch der Frau Suchocka bei Herrn Kohl zu tun? Sicher nicht; aber man wird zu der Annahme verleitet.*

Zeugnis davon ab. Kostproben aus dieser Prosa bekamen die Besucher im   zu hören.

Dunkel, hager und wuschelköpfig hielt die Schriftstellerin ihre Hörer auf Distanz. Durchgehendes Thema der Erzählungen: Angst vor dem Alter. Momentaufnahmen des Alltäglichen, oft schonungslos formuliert, kennzeichnen die handlungsarme Prosa der Sechzigjährigen. Beziehungsklärung im Ehealltag ist angesagt, wie sie Annemarie und Prosper in der Geschichte „Liebeshormon" betreiben. Angst vor Falten und Übergewicht plagen die alternde Schauspielerin. Ähnliche Sorgen haben Donna und Bertold in der zweiten Erzählung „Fährt sie mit?" Da liegen Kosmetik-Gutschein und Vitamine auf dem Geburtstagstisch, und die jüngeren Freundinnen planen eine anstrengende Abenteuerreise. Wird Donna ihre Angst überwinden und

Auch in ihrem neuen Buch, aus dem sie in   vorlas, bleibt die Mitbegründerin der Gruppe 47 ganz bei sich. Foto:

203 *Hat die Autorin ihre Hörer etwa durch ihr Aussehen auf Distanz gehalten? Wenn man das sympathische Foto betrachtet, mag man das nicht glauben.*

In solchen und ähnlichen Fällen soll vermutlich *kein* Kausalzusammenhang zum Ausdruck gebracht werden. Aber soll sich der Leser etwa aussuchen, wie ein Schreiber etwas meint? Das kann doch – außer innerhalb von Glossen, die bewußt eine zweite, ironische Bedeutungsebene erzeugen wollen – nicht gewollt sein.

Besonders ärgerlich und häßlich ist es, wenn Schreiber eine vom Leser zwangsläufig im Wege der Schlußfolgerung gebildete Annahme benutzen, um eigentlich nötige Erzählglieder einfach auszulassen – so wie in Beispiel 204.

Mutter mit 16

Mit dem Schicksal junger Frauen, die ein Kind bekommen, ohne selbst erwachsen zu sein, beschäftigt sich ein TV-Spiel des Autorenehepaares Eva und Horst Kummeth. Anja Heinze wird mit 16 schwanger, ihr Freund Steffen, nicht älter als sie, ist mit dieser Situation erst recht überfordert.

204 *Anja ist also – so dürfen wir im Nachhinein kombinieren – mit der Situation überfordert. Und warum wird uns das nicht zunächst einmal mitgeteilt? Warum müssen wir das schlußfolgern?*

Headline/Subline: Die neuen Wurmfortsätze

Beim „Zuhälter"-Beispiel ging es um die Beziehungen innerhalb mehrgliedriger Überschriften. Bei diesem Thema kommen wir nicht umhin, eine Unsitte zu erwähnen, die in deutschen Regionalzeitungen um sich greift. Betrachten Sie dazu bitte die Überschriften Nummer 205 und 206.

30 Prozent der Firmen verschmähten Aufträge

Bei den beschränkten Ausschreibungen der Stadt

205 *Den bestimmten Artikel in der Firmen kann man erst verstehen, wenn man die Unterzeile gelesen hat: Es handelt sich um die bei den Ausschreibungen der Stadt angesprochenen Firmen.*

74 Prozent der Deutschen schämen sich

Für die Gewalt gegen Ausländer

206 *Keinesfalls schämen sich 74 Prozent der Deutschen ganz allgemein; erst die angehängte Unterzeile sagt uns, worauf sich die ungeheure Scham bezieht.*

In den verunglückten Headlines vom Typus 205und 206 sind Schreiber nicht in der Lage (oder meinen, sie hätten dazu nicht den Platz), einen zusammenhängenden Gedanken in *einer* Schlagzeile unterzubringen.

Also zerstückeln sie die Botschaft, bringen in der fetten Zeile soviel unter, wie gerade hineinpassen will, und pakken den Rest als eine Art Wurmfortsatz in eine zweite, kleinere Überschrift.

Erschwerend kommt in den beiden Beispielen hinzu, daß dieser „Rest" das eigentliche Thema ist. Doch wie hätten diese Überschriften denn lauten können? – Im Fall der Nr. 205 zum Beispiel so:

Ausschreibungen der Stadt:
30 Prozent der Firmen nicht interessiert

So kommt das Thema nach vorn. Zugleich ist das unpassende Präteritum beseitigt.

Hier eine mögliche Lösung für Beispiel Nr. 206:

Gewalt gegen Ausländer:
74 Prozent der Deutschen schämen sich

Wir würden die Leser dieses Buches wohl enttäuschen, wenn wir nicht auch zu diesem Thema einen Merkspruch anzubieten hätten. Er lautet:

Satzstellung: Bitte keine Verrenkungen

Was sagen Sie zu dem unter Nummer 207 abgebildeten Aufmacher von Seite 1 einer überregionalen Zeitung? – Gar nichts? Dann ist Ihr Gefühl für die Struktur des deutschen Aussagesatzes aber schon sehr verschüttet!

207

Toter bei neuem Hoechst-Unfall

Versuchen Sie sich doch einmal vorzustellen, wie Sie als Bote in einen Raum eintreten und die Botschaft überbringen. Was würden Sie sagen? – Doch etwa folgendes:

Stellt Euch vor: Bei Hoechst hat es schon wieder einen Unfall gegeben. Ein Mann ist tot.

Natürlich fordert niemand, daß Ihre Überschrift in der Zeitung so aussieht. Einen Vorspanntext (Stellt Euch vor), mit dem wir Menschen auf überraschende Botschaften vorbereiten, bemühen wir in der Zeitung nicht. Wer eine Zeitung aufschlägt, *rechnet* mit solchen Botschaften (oder kennt sie sowieso schon aus dem Fernsehen).

Nun aber zur Reihenfolge der Mitteilung; denn hier unterscheiden sich geschriebene und gesprochene Sprache nicht. Erst geschieht der Unfall; die Folge ist der Tote.

Wie kann man da die Überschrift mit dem Toten beginnen, zumal der inhaltliche Schwerpunkt und darum auch die Hauptbetonung im deutschen Aussagesatz am Satz*ende* ist?

Bei dem „Satz" Toter bei neuem Hoechst-Unfall müssen Sie sich auch phonetisch verrenken: Der Hauptton muß künstlich an den Satzanfang verlegt werden, obwohl das normalerweise nur bei einer Kontrastbetonung möglich wäre, zum Beispiel: Ein <u>Toter</u> bei einem neuem Hoechst-Unfall – zwei <u>Verletzte</u> bei Bayer

Eine korrekt formulierte Botschaft wäre: Wieder ein Unfall bei Hoechst: Ein Toter!

Gegen die natürlichsten Regeln der deutschen Satzstellung wird in unseren Zeitungen gesündigt. 208 bis 210 sind weitere Beispiele.

JOURNAL

Siemens starb vor hundert Jahren

Vor hundert Jahren starb Werner von Siemens, der Gründer des Elektrokonzerns, der heute weltweit eine Spitzenstellung einnimmt. Der Durchbruch gelang dem „Fürsten der Technik", wie ihn seine Zeitgenossen nannten, mit der Erfindung des Dynamos.

□ Berichte siehe Journal

208 *Siemens starb vor hundert Jahren? – Ach ja? Ist es nicht eher so, daß heute vor hundert Jahren Siemens gestorben ist? Es soll doch keine Geschichte über die Zeit vor hundert Jahren erzählt werden, sondern eine über Siemens.*

Nur die Tatsache, daß sich der Todestag von Siemens zum hundertsten Mal jährt, wird in Beispiel 208 zum Anlaß für eine Geschichte über diesen Mann genommen. Wer weiß und fühlt, wo der Aussageschwerpunkt des deutschen Satzes ist, nämlich am Ende, konnte hier nur formulieren: Vor hundert Jahren ist Siemens gestorben.

Sie bemerken zu Recht das Perfekt; denn der Mann ist zwar tot, aber er interessiert uns heute immer noch so sehr, daß wir eine Geschichte über ihn zu lesen bereit sind.

Über drei Millionen jetzt ohne Arbeit

209 *Soll hier etwa eine Aussage über eine bestimmte Gruppe von drei Millionen Menschen gemacht werden, die wir schon seit längerem verfolgen und die jetzt ohne Arbeit ist?*

Unglücklich und widernatürlich ist auch die Satzstellung in Beispiel 209. Die Bundesanstalt für Arbeit hat hier ihre neuen Arbeitslosenzahlen bekanntgegeben und festgestellt, daß es jetzt drei Millionen Arbeitslose sind. Diese drei Millionen sind der Aussageschwerpunkt, und darum gehören sie an das Ende des Satzes. Etwa so:

Neue Zahlen:
Jetzt über drei Millionen Arbeitslose

Fünflinge kamen in Los Angeles zur Welt

LOS ANGELES (rtr) Eine Frau aus der kalifornischen Millionenstadt Los Angeles hat Fünflinge geboren. Das Krankenhaus teilte mit, die drei Mädchen und die beiden Jungen der 26jährigen Marcella Quezada seien durch Kaiserschnitt zur Welt gebracht worden. Der Gesundheitszustand von Tiffany, Kimberly, Patricia, Andrew und Raymond sei stabil. Die Babys wögen zwischen 963 Gramm und 1,33 Kilogramm.

Es gibt Beispiele für mißglückte Satzstellungen, die mehr als unschön und widernatürlich sind, sondern eher in das Kapitel „Die Leser foppen“ hineingehörten. Dazu folgendes Beispiel:

Die Bundesbank nahm Kohl gegen die weltweite Kritik an ihrer Hochzinspolitik in Schutz.

Jeder denkt doch bis einschließlich des Wörtchens an: Die Bundesbank nimmt Kohl in Schutz. Aber nein, weit gefehlt: Kohl nimmt die Bundesbank in Schutz, wie uns nachträglich das besitzanzeigende Fürwort ihrer verrät. So nach dem Motto: Mag der Leser doch zurücklesen!

Übrigens werden solche sprachlichen Mißgeburten besonders gern in Rundfunk und Fernsehen hervorgebracht, wo man noch nicht einmal *das* kann: zurückhören.

Damit wir uns nicht mißverstehen: Der Beispielsatz ist nicht etwa aus einem Zusammenhang der folgenden Art gerissen: Den Außenminister verteidigte Kohl gegenüber den Vorwürfen einiger Diplomaten und die Bundesbank nahm er gegen die weltweite Kritik an ihrer Hochzinspolitik in Schutz.

210 *Hier wird so getan, als sei aller Welt die Geburt bestimmter Fünflinge bekannt und nur der Geburtsort Los Angeles sei noch nachzutragen. Richtig wäre: In Los Angeles sind Fünflinge zur Welt gekommen.*

In solchen kontrastierenden Gegenüberstellungen ist eine Abweichung von der normalen Satzstellung ja bekanntermaßen zugelassen; aber um eine solche Ausnahme handelte es sich bei dem Beispielsatz leider nicht. Eine echte Zumutung also.

Verständnishemmer Verneinung

Stellen Sie sich vor, wir machten eine Umfrage, um zu hören, wie die Menschen den folgenden Satz, Aufmacher in einem Lokalteil, verstehen: Stadt streitet gegen Aus für Alarmsirenen. Wir würden fragen: Was tut die Stadt? Ist sie *für* Alarmsirenen oder da*gegen*?

Stadt streitet gegen Aus für Alarmsirenen

211 *Will die Stadt Sirenen oder will sie keine? Viele Leser können da nur raten.*

Wir haben die Untersuchung *nicht* durchgeführt; aber Sie sind herzlich eingeladen, sie zu machen. Wetten, daß 50 Prozent der Leute meinen, die Stadt hätte etwas *gegen* die Sirenen?

Der Grund ist leicht nachzuvollziehen: Bereits die *einfache* Verneinung setzt einen Denkprozeß voraus, der eine Aussage, ausgelöst nur durch ein kleines Signal, zum Beispiel nicht, gedanklich in ihr Gegenteil umkehrt.

Muß das Gegenteil nun noch einmal umgekrempelt werden, muß also die Verneinung der Verneinung gebildet werden, ist das Gros der Menschen schlicht überfordert. In Schlagzeile 211 aber geschieht noch viel Schlimmeres:

Aus für Sirenen
→ Die Sirenen läuten nicht.
Gegen Aus für Sirenen
→ Die Sirenen läuten doch!

Bis hierher wäre es ja „nur" eine doppelte Verneinung. Nun kommt aber erschwerend hinzu, daß hier jemand gegen etwas für etwas streitet. Mit diesem scheinbaren Widerspruch gerät dann selbst der intelligentere Leser vorübergehend ins Schleudern. Wer wollte sich da noch über Leserbriefe wundern, die die Redakteure beschimpfen, weil sie sie mißverstanden haben?

Wie ungeniert Deutschlands Zeitungen von der doppelten Verneinung Gebrauch machen, zeigen die Abbildungen 212 bis 217.

Machen Sie am besten zu Ihrer Sensibilisierung für die Tücke der doppelten Verneinung die Übung 20 im Anhang.

Übung 20

FDP beharrt nicht auf Abschiebestopp
Uneinigkeit über Behandlung von Kurden in Deutschland

212

Andererseits werden Steuervergünstigungen von 4 Mrd gestrichen, darunter die Einschränkung des Steuerabzugs eines Arbeitszimmers.

213

Jusos gegen Aus für Straßenbahn

214

Bonn unterliegt im Streit um die Bananen
Europäischer Gerichtshof weist Klage gegen Einfuhrbegrenzung ab

215

Die Zusammenhänge zwischen Essen und körpereigenen Abwehrkräften
Jede zweite Krankheit entsteht durch falsche Ernährung – und wie man sie vermeiden kann

216

Tabu: Kein Fernseher im Kinderzimmer!

217

212 bis 217 *Selbst wenn es gut geht (denn nicht immer haben die Verfasser selbst die doppelte Verneinung sicher im Griff; siehe 217), entstehen doch recht unglückliche Konstruktionen. Zwischen sich richtig ernähren und falsche Ernährung vermeiden liegen eben Welten.*

Statistik: Die „Jeder"-Falle

Auch der fehlerhafte Umgang mit statistischen Angaben ist eine fast alltägliche Sprachsünde in unseren Zeitungen. Das kommt vermutlich daher, daß Journalisten mit statistischen Daten überhäuft werden und sich auftragsgemäß bemühen, die Dinge so einfach wie möglich darzustellen.

Also schreiben sie jeder, wo ein theoretisches Konstrukt gemeint ist: der durchschnittliche Deutsche, Europäer, Erdenbürger usw. Leider funktioniert das nicht, wie die Beispiele 218 und 219 zeigen.

Blumengeschäft blüht: Jeder gibt 160 DM aus

Preise bleiben vermutlich stabil

Der Hang der Bundesbürger zu Blumen und Pflanzen ist offenbar ungebrochen. Durchschnittlich gaben die Bürger in den alten Bundesländern im vergangenen Jahr hierfür rund 160 DM aus, 2 bis 3% mehr als noch im Jahre zuvor; in den neuen Ländern zahlten die Blumenliebhaber etwa 80 bis 100 DM.

218 *Möglicher Leserkommentar: Was schreibt die Zeitung da für einen Blödsinn: Ich habe für mindestens 1000 Mark Blumen gekauft?! Ich habe doch einen Garten; ich gebe grundsätzlich kein Geld für Blumen aus!*

Jeder sorgt für 333 Kilo Müll im Jahr

Köln. Jeder Einwohner der Bundesrepublik macht nach Berechnungen des Instituts der deutschen Wirtschaft im Jahr durchschnittlich rund 333 Kilogramm Müll.

Wie die Wirtschaftsforscher in Köln mitteilten, war der Abfallberg aller privaten Haushalte im Jahr 1990 insgesamt 28 Millionen Tonnen schwer. In Industrie und Gewerbe sind in Deutschland etwa 263 Millionen Tonnen Abfälle entstanden. Knapp 137 Millionen Tonnen fielen in der Produktion an. Rund drei Viertel dieser Abfälle entsorgt die Industrie selbst.

219 *Man sieht den protestierenden Leserbrief schon vor sich. Etwa so: Ich bin Rentner und viel unterwegs. Können Sie mir einmal sagen, wie ich da 333 Kilo Müll produzieren soll!*

Bei Beispiel 219 kann man noch von Glück sagen, daß der reisefreudige Rentner schon mitbekommen hat, daß sorgen für neuerdings nicht mehr sich liebevoll kümmern um bedeutet, sondern alles von machen über führen zu bis provozieren. Sonst hätte er vermutlich folgendermaßen protestiert: Ich bin als Rentner ständig unterwegs. Und da soll ich mich auch noch um 333 Kilo Müll kümmern!

Seien wir konstruktiv. Wie hätte man es in den Beispielen 218 und 219 denn besser sagen können? Zum Beispiel so:

Viel Geld für Blumen:
160 Mark pro Kopf

333 Kilo Müll pro Einwohner

Von der gesunkenen Steigerung

Verwirrung stiften in Deutschlands Zeitungen mit schöner Regelmäßigkeit die gesunkenen Steigerungen aller Art, vor allem die „gesunkenen" Preis- oder Inflationssteigerungen. Was auf Anhieb so erfreulich klingt wie in Beispiel 222, stellt sich jedoch auf den zweiten Blick als eine weitere Verteuerung, Geldentwertung oder ähnliches heraus, die nur nicht ganz so unerfreulich war wie die des Vorjahres.

Weltbevölkerungsbericht vorgestellt

BONN, 11. Juli. Die Weltbevölkerung wird aller Wahrscheinlichkeit nach während der nächsten zwanzig Jahre, also bis zum Jahre 2015, weiterhin jedes Jahr um mehr als 86 Millionen Menschen zunehmen. Das ist dem neuesten Weltbevölkerungsbericht des Bevölkerungsfonds der Vereinten Nationen (UNFPA) zu entnehmen, der am Dienstag in New York, am Sitz von UNFPA, und in den wichtigsten Hauptstädten der Welt vorgestellt wurde. In dem Bericht, der den Titel „The State of the World Population" trägt, wird die Weltbevölkerung mit gegenwärtig 5,7 Milliarden Menschen angegeben. Die Vorausschätzungen von UNFPA für das Jahr 2015 schwanken zwischen 7,1 und 7,8 Milliarden und für das Jahr 2050 zwischen 7,9 und 11,9 Milliarden. Von dem, was in den nächsten Jahren und Jahrzehnten in der Welt zur Eindämmung des Bevölkerungswachstums unternommen wird, hängt es ab, ob die höhere oder die niedrigere Prognose eintreffen wird.

221 *Es scheint, daß Beitrag 220 in der Leserschaft des Blattes zu Verwirrungen geführt hat; anders kann man sich den tags darauf nachgeschobenen Beitrag 221 nicht erklären.*

Preissteigerung im Westen erneut gesunken

WIESBADEN Die Jahres-Inflationsrate in den westlichen Bundesländern ist im November auf 2,7% gesunken.

Im Oktober war sie 0,1 Punkte höher gewesen. Die privaten Haushalte mußten aber 0.2% mehr für ihre private Lebenshaltung ausgeben als im Oktober dieses Jahres. Dies teilte das Statistische Bundesamt mit. Es korrigierte damit vorläufige Berechnungen auf der Basis von vier Bundesländern.

Eine deutlich überdurchschnittliche Steigerung im Jahresvergleich gab es bei den Preisen für Kraftstoffe mit 10,8% und für Frischobst mit 6%. Dagegen wurde leichtes Heizöl um 8,5% billiger. Ohne die Wohnungsmieten sei die Lebenshaltung im Vergleich zum November 1993 um 2,2% teurer geworden. Für Nahrungsmittel mußten die Verbraucher im vergangenen Monat 1,4% mehr ausgeben als ein Jahr zuvor.

222

Vachstum der Weltbevölkerung verlangsamt

FRANKFURT, 10. Juli. Erst-ıls seit Jahrzehnten nimmt nach Angaben r Deutschen Stiftung für Weltbevölkeng der jährliche Bevölkerungszuwachs ht mehr stetig zu. Wie die Stiftung anlich des Weltbevölkerungstages, der an sem Dienstag stattfindet, mitteilte, stabiert sich das Weltbevölkerungswachstum zt bei 86 bis 90 Millionen pro Jahr, wähd die Weltbevölkerung in den Jahren 50 bis 1990 Jahr für Jahr um eine immer ßere Menschenzahl wuchs. Der noch bis kurzem erwartete Anstieg um hundert llionen Menschen jährlich werde nach jetzigem Kenntnisstand nicht mehr eintreten. Das Ziel, das Weltbevölkerungswachstum mittelfristig zu bremsen, sei damit in greifbare Nähe gerückt. Hauptgrund für diese Entwicklung ist nach Erkenntnissen der Stiftung die sinkende Kinderzahl je Familie, die wiederum vor allem auf eine Ausweitung der Familienplanung in Entwicklungsländern zurückzuführen ist. Zur Zeit leben 5,75 Milliarden Menschen auf der Erde. Die Zuwachsrate ist von 1,7 Prozent Anfang der neunziger Jahre auf jetzt 1,5 Prozent gefallen. Die Stiftung nimmt an, daß die Weltbevölkerung je nach Erfolg der weiteren bevölkerungspolitischen Bemühungen bis zum Jahr 2050 auf acht bis zwölf Milliarden Menschen wachsen wird.

220 *Eine ganz bemerkenswerte Feststellung: Der Zuwachs nimmt nicht mehr zu. Was in diesem Fall heißen sollte: Die Bevölkerung auf diesem Planeten hat zugenommen, aber nicht mehr so stark wie in den Vorjahren.*

Was Deutschlehrer anstreichen

Wir wollen in diesem Buch auf offenkundige Fehler in der Rechtschreibung und der Zeichensetzung, aber auch in der Grammatik, nicht detailliert eingehen. *Daß* sie in deutschen Zeitungen vorkommen, ist bekannt. Bekannt ist auch, daß sie schlimme Folgen für das Image eines Blattes haben können und nicht nur in dem hier abgebildeten Fall kaum jemals Sympathisanten finden.

mer des Frankfurter Treffens handelten „aus eigenem Recht" und nähmen „nicht die Elefanten der Partei in Anspruch". In den nächsten Tagen werde Kontakt mit vermuteten Sympathiesanten aufgenommen werden. Otto ergänzte im Gespräch mit dieser Zeitung, jedes der Kreismitglieder habe eine Arbeitsliste für Anrufe, aber es werde kein Präsidiumsmitglied angesprochen. Der Kreis wolle den Präsidiums-

Ein nicht geringer Teil empörter Leserbriefe beschäftigt sich – und leider nicht zu Unrecht – damit, daß Redakteure das und daß nicht auseinanderhalten können, daß sie nicht wissen, daß nach einem Relativsatz ein Komma zu stehen hat und dergleichen mehr.

224 *Halten wir dem Schreiber zugute, daß es ein schwüler Tag war!*

Fehler sind allgegenwärtig und kommen selbst in Blättern vor, die kluge Köpfe zur Lektüre einladen. Wer das nicht glaubt, vergnügt oder ärgert sich mit den folgenden Ausrissen.

Noch aber ist fraglich, ob das Baring-Büro in Singpur überhaupt direkt mit den ruinösen Geschäften befaßt war. Nach Angaben der in Singapur erscheinenden „Business Times", habe Leeson seine gewagten Finanztransaktionen nicht gegenüber seinen örtlichen Vorgesetzten verantworten müssen. Leeson habe direkt an Barings in London berichtet.

223 *Beliebter Fehler durch englischen Einfluß: Orts-, Zeit- und Umstandsangaben werden im Deutschen* ***nicht*** *durch Komma abgetrennt.*

Hitze, Staus und Ozon – in Südwest droht Fahrverbot

Karlsruhe

Starker Ausflugsverkehr, eine erste Rückreisewelle in Richtung Norden und dazu ein eventuelles Fahrverbot wegen überhöhter Ozonwerte im Südwesten bestimmen das Bild auf Deutschlands Straßen an diesem Wochenende.

In Freiburg wurden am Freitag bereits 222 Mikrogramm registriert, bei 240, an verschiedenen Orten gemessen, droht das Fahrverbot. Für den Sonntag werden Temperaturen über 30 Grad erwartet. Montag wird es schwühl und noch heißer – aber dann wird es deutlich kühler. Wetter/Verkehr S. **16**

Suche Journalist/in für Bürogemeinschaft in Ostwestfahlen-Lippe. Die „Freiheit" soll auf beiden Seiten bewahrt bleiben, ich habe aber keine Lust mehr, tagein tagaus als „Einsiedlerin" zu arbeiten. Zuschriften bitte unter Chiffre 95/07/10A an: *MediumMagazin*, Postfach 1152, 83381 Freilassing.

Presse- und PR-Büro in Westfahlen erarbeitet zielgruppengerechte Presse-Informationen, Mitarbeiter- und Kundenzeitschriften, Imagebroschüren sowie PR-Konzeptionen. Zuschriften bitte unter Chiffre 95/07/10B an: *MediumMagazin*, Postfach 1152, 83381 Freilassing.

225 *Das ganze Elend der Rechtschreibung blickt uns an aus diesen Anzeigen, in denen ein Pressebüro in „Westfahlen" (gemeint ist Westfalen) Kollegen bzw. Auftraggeber sucht. Mögen sie nur solche finden, die zu ihnen passen!*

4./5. September

Präsentationstechnik:
Überzeugend präsentieren in Wort und Bild
Bewährte Techniken für eine erfolgreiche Informationsvermittlung

5. September

Persönlichkeits- und Unternehmensschutz gegenüber den Medien
Rechtliche Chancen, Risiken und Abwehrmöglichkeiten

7. September

Besucherprogramme
Das Unternehmen läd ein

25./26. September

Die Mitarbeiterzeitschrift
Das wichtigste Medium der innerbetrieblichen Kommunikation
Neue Formen – neue Möglichkeiten – Tests

28. September

Event-PR
Kundenansprach mit inszenierten Ereignissen

28./29. September

Sprache und Ansprache in der Öffentlichkeit
Trainingsseminar Rhetorik

226 *Man möge nicht denken, Rechtschreibung sei ein Problem der Journalisten. Ein angesehenes Medieninstitut konnte es sich leisten, wiederholt mit dieser Anzeige (Ausschnitt) zu Seminaren einzuladen. Lädt man so ein?*

IN DIESEM IMMERGRÜNEN BUSCH an der Stüvestraße finden hunderte von Stare ihren Schlafplatz.

228 *In einem immergrünen Baum werden die verblüfften Leser eines Lokalteils Zeuge eines grandiosen Doppelfehlers (gemeint sind Hunderte von Staren)*

Bei der New Yorker Polizei gingen fünf anonyme Anrufe ein, bei denen sich zu dem Anschlag bekannt wurde.

227 *Sieh an, ist sich Passiv gebildet worden! Aber was man hätte sagen können, da doch die Anrufer anonym sind? – Zum Beispiel dieses: Bei der New Yorker Polizei riefen anonym fünf Menschen an, die sich alle zu dem Anschlag bekannten.*

Paris streitet mit Brüssel wegen Bull-Zuschüsse

229 *Wo ist es geblieben, das n von Zuschüssen?*

Wahrlich eine Posse, aber der Aachener und Münchener kostet sie ihre lange mit Klauen und Zähnen verteidigte Eigenständigkeit.

230 *Was das die Aachener und Münchener wieder kostet!*

Eine traurig-ernste Forderung

Solange es in Deutschland möglich ist, Bewerbungen von Abiturienten zu bekommen, die in ihrem Abschlußzeugnis in Deutsch eine gute Note bekommen haben und deren Bewerbungsbriefe dennoch von Fehlern strotzen, solange selbst die an deutschen Universitäten entstandenen Diplom- und Magisterarbeiten und Dissertationen nicht fehlerfrei geschrieben sind, wird man nicht umhin können, innerhalb der Journalistenausbildung intensiven Deutschunterricht zu fordern.

Die Leser der Zeitungen wissen wenig von den Bemühungen verschiedener Einrichtungen publizistischer Bildungsarbeit, von den einschlägigen Seminaren oder gar von den Büchern der journalistischen Fachverlage. Tatsache ist aber, daß hier durch Privatinitiative wettgemacht wird, was unser öffentliches Bildungssystem leider vielerorts versäumt.

230 *Hoffentlich gehen die Minen nicht hoch, und womöglich mitten in die Mienen der Obstbauern.*

Saure Minen bei den Obstbauern: Die Sauerkirschenernte fällt in diesem Jahr unterdurchschnittlich aus. Wie die Zentrale Preisberichtsstelle der Agrarwirtschaft gestern in Bonn mitteilte, dürfte die Ernte mit 26.300 Tonnen zwar um 15 % über dem Vorjahr liegen. Damit bliebe sie jedoch deutlich unter dem langjährigen Schnitt von 32.000 Tonnen.

Genitivu's cum apo'stropho

wer. Es war einmal ein alter Mann, der fand sich in der Welt nicht mehr zurecht. Wenn er durch die Fachwerkgassen seiner kleinen deutschen Stadt schlurfte, sah man ihn gelegentlich innehalten und die Schilder an den feinen Geschäften lesen. Dabei seufzte er dann, schüttelte nach schrulliger Greisenart resigniert den Kopf und fuchtelte manches Mal auch ärgerlich mit seinem Gehstock. Die Passanten betrachteten ihn mitleidig-amüsiert und suchten mit einem schnellen Blick den Grund seines unwilligen Brabbelns. „Monika's Trachtenlook" stand da etwa zu lesen oder „Elisabeth's Kinder-Boutique", auch „Holger's Hosenladen" oder „Lena's Teestübchen". Sie konnten nichts dabei finden, zuckten die Schultern und eilten weiter.

Woher sollten sie auch wissen, daß der Alte in seiner Jugend ein Gymnasium – das gab es damals noch – besucht und dort gelernt hatte, daß der Wesfall vieler deutscher Hauptwörter durch Anhängen von -es oder -s gebildet wird (etwa „des Glases" oder „des Wagens")? Man hatte ihm sogar beigebracht, daß der Wesfall lateinisch „Genitivus" heißt und das putzige Häkchen „Apostroph". Daß aber vor das Genitiv-s so ein Häkchen gehöre (des Wagen's oder des Glase's), das hatte man ihn nicht gelehrt, und so stand er nun einsam in den Fachwerkgassen und schüttelte den Kopf nach schrulliger Greisenart.

Mit einem boshaften Glanz in den Augen konnte man ihn sehen, wenn er sich mit zahnlos mümmelnden Altersgenossen am Rentnerbrunnen traf. Dann zogen sie los und zeigten einander feixend und heimlichtuend ihre neuesten Funde, etwa das Pappschild an einer Bankfiliale: „Heute wegen Umbau's geschlossen" oder den Hinweis einer Bäckerei: „Sonntag nachmittag's von 14 bis 16 Uhr geöffnet". „Das ist ja nicht einmal ein Genitiv", kicherten sie dann, „und trotzdem das lustige Häkchen vor dem -s." Als sie aber eines Tages – sich vor Heiterkeit kaum zu lassen wissend – vor einem Sex-Shop standen und mit ihren Stöcken einander prustend das Schild „Erotika's" wiesen, da traf sie der Zorn der Passanten. „Das ist der deutsch-lateinische Superpluralis, mit Apostroph!" konnte der Alte noch unter Lachtränen keuchen, als Stimmen der Empörung laut wurden. Das sei ja das Letzte, sich in dem Alter schon am Morgen zu besaufen, voll abgedreht, diese Verwesis. Und eine Zehnjährige zischelte: „Lustgreise!"

Da sahen sie beschämt vor sich nieder, humpelten mit eingezogenen Schultern zum Rentnerbrunnen zurück, ließen sich mühsam auf den Bänken nieder und dachten zurück an die Zeiten, als die Duden-Redaktion noch nicht vor dem Sprachwandel kapituliert und sich aufgelöst hatte, an die Zeiten vor den zahllosen Rechtschreibreformen, als man etwa noch nicht schreiben durfte: „We's Brot ich eß, de's Lied ich sing." Einige steuerten, schon wieder unverschämt feixend, neue Genitive aus Zeitungsschlagzeilen zur Unterhaltung bei: „Klage wegen Urlaubsmängel nach sechs Jahren verjährt" oder „Hellas wegen Brände vor Ökokatastrophe" und: „Im Haus fand die Feuerwehr die Leichname der drei Kinder des Ehepaars, zweier Mädchen und eines Knabens." Andere berichteten leise, sie hätten heimlich ihre längst erwachsenen Kinder befragt, warum das mit dem Genitiv-s ohne Apostroph in den Schulen auf einmal nicht mehr gelehrt worden sei. Die hätten dann erzählt, wie sie damals plaudernd und strickend auf den Fensterbänken des Klassenzimmers gesessen hätten, als der Genitivus dran war. Der Lehrer habe sie damals lieber in den Strategien des Volk'skampfe's der revolutionären Massen Nicaragua's unterwiesen oder an die bewußtsein's-sprengende Lyrik Ernst Jandl's herangeführt (Otto's Mop's kotzt).

Eines schönen Sommerabend's – der Alte hatte wieder viele Schilder mit lustigen Häkchen gelesen und mit den anderen Grufti's am Brunnen gemümmelt – machte er sich auf den Heimweg, und weil die Lüfte so lau waren, wählte er die längere Strecke durch eine entlegene Gasse, die er sonst nie betrat. Als er einmal aufblickte, sah er das Schild an dem Geschäft: „Leonoras Kleider".

Es durchzuckte ihn wie ein Blitz. „Ohne Apostroph, ohne Apostroph", flüsterte er, seine Lippen zitterten, die goldenen Tage seiner Jugend stiegen vor ihm auf, und er konnte sich des Tränen's der Rührung nicht erwehren.

Der Einfluß des Englischen macht sich auch beim Apostroph breit. Dazu lesen Sie bitte diese wunderbare Glosse aus der FAZ (vom 29.77.95).

O Nonnenklo-ster!

Ein großes Ärgernis sind – nach Leserbriefen zu urteilen – auch die Silbentrennungen. Dabei sind manche, die ein dummer Computer sich so einfallen läßt, ausgesprochen lustig. Das legendäre Nonnenklo-ster und der berittene Po-streiter entbehren nicht eines gewissen Charmes.

Liebhaber der Sprache und Leserfreunde werden aber trotzdem ihre Texte ganz zum Schluß noch einer Trenndurchsicht unterziehen; denn sonst tut es ja keiner. Der Korrektor gehört leider in den meisten Verlagen der Vergangenheit an; seitdem merkt man, wenn der Redakteur mit dem Deutschen auf Kriegsfuß steht.

Mit Sinn und Verstand

Sensibelchen werden bei dieser Gelegenheit nicht nur auf *korrekte* Silbentrennung achten, sondern auf *sinnvolle*, leserfreundliche. Man muß ja den Leser nicht unbedingt dadurch in die Irre führen, daß man Schneidere-lite trennt, wenn man das „e" auch mit in die neue Zeile hätte nehmen können: als Schneider-elite. Ganz feinsinnige Leute ergänzen sogar schon einmal *innerhalb* der Zeile einen Silbentrennstrich, wo das Wort sonst zu lang und unästhetisch geworden wäre und macht aus Energieeinsparung lieber Energie-Einsparung.

Zu diesem Mittel greift man besser auch dort, wo das spontane Verständnis gefährdet wäre. Mopsehepaar wird besser zum Mops-Ehepaar und Schneiderelite freundlicherweise zur Schneider-Elite.

Wir alle wissen: Die automatische Silbentrennung wird den vielen Ausnahmen nicht gerecht. Aber wer hindert uns, die Ausnahmeliste unserer Software zu ergänzen? Wenn – wofür jeder Verständnis hat – die Zeit in der aktuellen Produktion dafür nicht reicht, dann könnte man doch zum Beispiel den neuen Arbeitstag damit starten, die Fälle von gestern kurz in die Litanei aufzunehmen, oder? Denn merke:

Zwischen Glaube und Angst

Der naive Journalist

TS 18

Die Mode-Seite

So buchstabiert man die Mode im Herbst und Winter

Sixties und Seventies schleichen sich ein

A wie Authentic-Stil: Alles soll nach dem Wunsch der Verbraucher und dem Willen der Modemacher jetzt echt, unverfälscht in Farbe, Form und Material sein – kurz: authentisch. Schluß mit Kopien im als-ob-Stil, der Winter 93/94 verlangt Mode für Kenner von Könnern.

B wie Bell Bottoms: Die Sixties und Seventies haben sich langsam aber sicher wieder in unser Leben eingeschlichen. Erst in ihrer Farbpracht, dazu die passende Musik von Abba bis Roy Orbinson. Und nun läutet die Mode die Glocken, denn die Hosen mit Schlag – also Bell Bottoms – sind wieder der heiße Tip für die Disco. Let them swing!

C wie Crespo: Seitdem die Frauen im Business die Hosen und Hosenanzüge wieder anhaben, ist Crespo eine ihrer neuen Wunderwaffen. Denn in diesem feinen Tuch mit körnigem Griff, das sie den Anzügen der Herren der Schöpfung abgeguckt haben, sind sie auch nach stundenlangen Konferenzen und Flugstunden wie aus dem Ei gepellt.

D wie Damhirschleder: Die zweite Haut heißt im kommenden Winter nicht selten „Leder". Und wer es „light" auch in der Mode liebt, sollte sich den superfeinen Velour-Touch vom Damhirschleder merken. Vorzugsweise für die winterlichen Streicheleinheiten von handgenähten Handschuhen – ungefüttert und natürlich handgenäht.

E wie Edelhaare: Für alles, was nicht vom Schaf kommt und fein sowie teuer ist, gilt dieser Begriff. Cashmere wird auch im nächsten Winter ein wichtiges Thema bleiben, denn so edel wie es die Kaschmirziegen aus Mittelasien liefern, ist so leicht nichts. Einmal im Jahr verlieren sie beim Haarwechsel ihr begehrtes Unterhaar – das rar und teuer ist. Mohair liefert die Mohairziege, Angora das Angora-Kanin, Kamele sorgen für Luxushaare wie Apalka, Lama und Vicunja.

F wie Fleece: Skihasen, Alpinisten und Antarktis-Abenteurer kennen die Wirkung des superleichten, vollsynthetischen Materials, das der Mega-Hit für Wärme und Leichtigkeit ist. Jetzt haben es auch die Modemacher für die nächste Winterperiode geordert und machen witzige Jacken und Mäntel für die City daraus. Ein völlig neues Feeling – wie in wunderbar warmen Faserpelz verpackt, der sage und schreibe zu 95 Prozent aus Luft besteht.

G wie Gilet: Was einst das Lieblingsstück französischer und englischer Mode-Dandys wie Brummel war, das Gilet oder schlichtweg Weste genannt, hat Hochsaison. Von korrekt bis kokett ist es in die Damenmode eingezogen. Von nabelfrei bis knöchellang geht das Gilet 1993 zu Röcken in jeder Länge und Kürze, zu Hosen, mit und ohne Blusen, von morgens bis tief in die Nacht.

H wie Harris Tweed: Die Regel ist streng und heißt: es darf sich nur Harris-Tweed nennen, was aus echter schottischer Wolle besteht und auf den Hybriden handgewebt wurde. Doch hat Mann/Frau ihn, ist er unverwüstlich. Für den modernen Nomadenlook à la Marco Polo unentbehrlich.

I wie Intarsie: Von Venedig bis Peking schlagen die internationalen Modemacher ihren kreativen Bogen für den Winter 93/94. Strick liegt in der Gunst wieder ganz vorn. Und natürlich Motiv-Strick. Intarsien – also begrenzte Motive – ob groß oder klein kommen im byzanthinischen Stil genauso wie im Drachen-Design à la Suzy Wong.

Bei den Röcken stellt sie die Frage, ob sie kurz oder lang getragen werden, nicht mehr: im kommenden Winter ist lang gefragt.

Karl Lagerfeld präsentierte schon im Sommer die langen Röcke. Im Winter steckt er die Damen in lange Mantelkleider, darunter tragen sie schmale Hosen. Fotos: Igedo

J wie Jodhpurhose: Der Schnitt dieser Hose stammt aus dem sagenumwobenen Land der Maharadschas, mit schmalem Bein und breitem Umschlag. Im Ursprung ganz sicher nicht für Frauenbeine konzipiert, aber in der kommenden Saison werden sie einfach sportiv-rassig darin aussehen – auch wenn sie nicht Polo spielen.

K wie Kimonostil: Bis ins ferne Asien führt uns die spannende Modereise in der Saison 93/94. Daß der Kimono dabei nicht fehlen darf, ist klar. Schräge Verschlußpartien, Knebelverschlüsse im Mandarin-Stil. Seide mit Chrysanthemen bedruckt und lange gewickelte Weste – Kurz: Der Kimonostil bringt Peking-Power ins Modespiel.

L wie Laminate: Alle wollen sich in Mode wohlfühlen, warm verpackt an kalten Tagen sein, ohne dabei zu schwitzen. Was für dieses Hochgefühl sorgt – bei Sympatex und Gore-Tex zum Beispiel – sind hauchdünne Folien, Laminate genannt, meist unsichtbar, denn sie sind zwischen Oberstoff und Futter versteckt.

M wie Marco Polo: Der bekannteste Reiseabenteurer seiner Zeit, der in einem spannenden Bericht seine Reise vom heimischen Venedig ins asiatische China beschreibt, stand Pate für die Modethemen des Winters 1993/94.

N wie Nubukleder: Echt, natürlich und authentisch ist gefragt, und Leder erfüllt diese Wünsche der Modefreaks. Als Hosen, Jakken und Westen findet es Einsatz, aber auch im Accessoire-Bereich für Handschuhe und Schmuck im Handmade-Stil. Nubuk gehört zu den Feinsten der Feinen. Leicht und samtig in der Oberfläche, nach Art der Elchleder, wird es auf der Narbenseite geschliffen, aus Kalb- oder Rindleder.

O wie Overjacket: Erinnern sie sich noch an den gemütlichen Schichten- oder Zwiebellook? Im Modewinter 1993/94 ist er wieder da. Vor allen Dingen das Spiel mit den Längen macht ihn im Winter wieder aktuell. Da wird die Jacke über der Jacke als Overjacket zur Outdoorjacke, ein Spielchen, das sich je nach Wärme- oder Kältegrad reduzieren oder erweitern läßt.

P wie Peking-Stil: Marco Polo hatte sich die Stadt der Pagoden und Drachen als Ziel seiner Reise gesetzt. Die Modemacher für den Herbst/Winter 93/94 zeigen auf der Igedo Düsseldorf den Peking-Stil für das Ende des Tages – den glanzvollen Abend. Mit hohen Schlitzen, raffinierten Dekolletés und interessant gesteppten Jakken.

Q wie Quilt: Ursprünglich war der Quilt bei den armen Einwanderern in Amerika eine Steppdecke, die wie ein Stoff-Sandwich aus einem Oberstoff, einer Wattefüllung und einem Unterstoff gemacht war. Die Wintermode hat jetzt diesen dekorativen Kälteschutz für leichte, aber superwarme Jacken entdeckt. Bestickt, abgesteppt und zeitweilt kommen sie dem Karawanen-Stil durch die Mongolei 93/94 sehr entgegen.

R wie Redingote: Nach der Ära der Swinger und Comeback der Sixties und Seventies hat der Redingote als Manteltyp wieder eine Chance. Leicht tailliert im Vorderteil, aber dennoch zum Saum hin schwingend, ist er die ideale Ergänzung im jungen Hosenstil mit Bell Bottoms.

S wie Sarongröcke: Röcke mischen die Mode zur Zeit tüchtig auf, denn die Frage ob kurz oder lang stellt sich nicht mehr. Wichtig ist nur noch „wie ist das Styling des Rockes". Raffinierte Wikkeltechniken haben sich die Kreateure überlegt, die meisten haben sich die indischen Sarongröcke zum Vorbild genommen und wickeln zum Winter 93/94 selbst dicke Plaidstoffe raffiniert in der Taille.

T wie Tunika: Die alten Römer trugen sie meist unten ohne, was im Winter in unseren Breitengraden etwas kalt wäre. Also wird die längere bis lange, ärmellose Überweste bei uns mit schmalen Hosen und langen Röcken ergänzt. Darunter wärmen am Tag Rippenpullis und weiße Blusen am Abend die neugierigen Blicke der Betrachter.

U wie Used-Look: Leicht getragen, ein bißchen zu heiß gewaschen oder gar leicht marmoriert in der Farbe, der aktuelle Gebrauchtlook schreckt vor nichts zurück, solange es dem Ziel dient, wie bereits getragen auszusehen. Für Sport, Freizeit und alle, die einen Kontrast zum Nobel-Chic setzen wollen.

V wie Velveton: Auch hier rollt die 50er Jahre-Welle wieder munter in die Mode ein. Was damals als Ersatz für Wildleder galt, läuft jetzt zu Hochtouren im Young-Fashion-Bereich auf. Mal als Total-Look von Kopf bis Fuß für samtig-weiche Anzüge, dann als Weste im Kontrast zu Jeans oder auf Kragen, an Ärmeln und auf Taschen.

W wie Workwear-Blue: Das Denim-Blue der Arbeiteroveralls und Chinajacken macht Karriere. Hochwohlgeborene Designer internationaler Provenienz gukken es den Arbeitern ab und setzen die neue, alte Farbe raffiniert von Sportswear bis zum Abend ein.

Y wie Yucca-Faser: Sieht aus wie Sisal, wird aber nicht für Teppiche, sondern jetzt für modische Accessoires verarbeitet. Die Blattfaser wird aus einer nordamerikanischen Palmlilie gewonnen und wirkt wunderbar rauh und roh. Im Schmuckbereich findet sie ebenso Einsatz wie auf Taschen und Schuhen.

Z wie Zitat: Auch die Worte von Modeschöpfern sind als Zitate in die Sammlung eingegangen. Paul Poiret, ein Pionier des Mode-Etiketts, sprach sicher allen Kreativen aus dem Herzen, als er sagte: „Wenn ich mit meinem Namen ein Kleid signiere, erachte ich mich als Schöpfer eines Kunstwerkes."

231 *Hier läßt sich ein Schreiber bereitwillig vor den Karren von Interessenvertretern spannen. Kein Wunder, daß in diesem Fall die Anzeigenabteilung einschritt mit der Bemerkung, für solche Fälle gebe es eine Preisliste!*

So buchstabiert man die Mode im Herbst und Winter heißt es in der Überschrift zu einer Sonderseite einer großen Regionalzeitung (siehe Abbildung 231 auf der linken Seite), die dann im folgenden ein ganzes Alphabet mit Erläuterungen aus der Pressemitteilung interessierter Kreise übernommen hat: A wie Authentic-Stil, J wie Jodhpurhose, M wie Marco Polo und dergleichen mehr.

Angetan hatte es der wahrscheinlich modebegeisterten Redakteurin wohl die pfiffige Idee der PR-Leute, die neue Mode in Alphabet-Form zu liefern. Wenn schon der Inhalt unbedeutend ist, muß wenigstens die Form so interessant sein, daß ein blauäugiger Mensch das Ganze für eine Nachricht hält.

Und in der Tat: Für einen nicht geringen Teil unter den Lesern gehören Botschaften aus dem Reich der Mode zu den interessantesten Lesestoffen.

Aber – und nur darum hat das Ganze in einem Buch über Sprache etwas zu suchen – doch bitte nicht in der Terminologie der Werbung!

Eine Kostprobe aus F wie Fleece:

Skihasen, Alpinisten und Antarktis-Abenteurer kennen die Wirkung des superleichten, vollsynthetischen Materials, das der Mega-Hit für Wärme und Leichtigkeit ist... Ein völlig neues Feeling...

Dem Reiz der Worte erlegen

Häufig sind es bestimmte Begriffe, an denen Journalisten Gefallen finden und die dann übernommen werden, ohne die Folgen zu bedenken. So hat die niedlich-betörende Formulierung des TÜV, japanische Autos seien Mängelzwerge (siehe 232), der deutschen Automobilindustrie einen vermutlich weder vom TÜV noch von den deutschen Journalisten beabsichtigten Schaden zugefügt.

TÜV-Report: Japaner sind ‚Mängelzwerge'

BONN

Japanische Autos weisen in den ersten Jahren die wenigsten Mängel auf. Bei den drei Jahre alten Wagen entpuppen sich, so der TÜV-Bericht, der Mazda 323 und drei Toyota-Modelle als „Mängelzwerge". Das Prädikat „Mängelriesen" heftet der TÜV Fiat (Regatta), Citroen (2 CV), Opel (Manta) und Lada an. Deutlich den Japanern überlegen sind erst die älteren deutschen Autos. Bei zehn Jahre alten Wagen zeigen viele Mercedes-Modelle, Opel Ascona und Porsche 924/944 die wenigsten Mängel. Zu den Schlechtesten in dieser Kategorie zählt neben dem R 4, der „Ente" 2 CV auch ein Japaner: Nissan Bluebird.

232 *Wer den Artikel ganz liest, erfährt zwar irgendwann, daß die älteren deutschen Autos den Japanern deutlich überlegen sind – was in der Endzeit der Wegwerfmentalität ja vielleicht die interessantere Botschaft sein könnte; aber wie viele lesen den Artikel ganz? Und selbst wenn: Der „Mängelzwerg" sitzt!*

Sagen und Denken

Milva freut sich auf Bochum. So lesen wir in einem kleinen Kasten mit Bild auf der Titelseite einer Zeitung. Sie freut sich? Tatsächlich? Oder hat sie nur gesagt, sie freut sich? **233**

Milva freut sich auf Bochum

VW rechnet mit mehr Kurzarbeit

234 *Rechnen sie bei VW wirklich mit Kurzarbeit oder haben sie ein Interesse daran, mit dieser Mitteilung bestimmte Leute zu erschrecken?*

Rühe zweifelt nicht an Einsatzbereitschaft

235 *Selbst vor der Verneinung der Gedanken und Gefühle schrecken naivere Schreiber nicht zurück. Wobei hier die Frage ist, ob das denn eine berichtenswerte Tatsache sein kann, wenn der Rühe noch nicht einmal zweifelt!*

Textilbranche fürchtet Kahlschlag

236 *In privateste seelische Vorgänge haben manche Journalisten Einblick, und das nicht nur bei einzelnen Menschen, sondern bei ganzen Branchen.*

Schröder behält seine Ansichten, tritt aber nicht mehr für sie ein

237 *Ganz absurd wird es hier: Woher weiß man denn, daß Schröder seine Ansichten behält? Er hat das doch nur gesagt! Und haben wir nicht schon oft genug erlebt, wie Politiker gelogen haben?*

Was wie Haarspalterei klingt, geht an die Substanz der Unterscheidung zwischen Meldung und Meinung. Die Meldung kann in allen diesen Fällen nur lauten, *daß* jemand etwas gesagt, geschrieben, behauptet, angekündigt hat. Der Glaube daran, daß dieses persönliche Bekenntnis der Wahrheit entspricht, ist bereits eine Meinungsäußerung des referierenden Journalisten.

Und daß man zunächst einmal alles glaubt, was einer sagt, mag ja ein sympathischer Zug sein; aber ist ein Journalist – zumal wenn er über politische Vorgänge berichtet – nicht zu *mehr* kritischem Bewußtsein aufgefordert? Haben wir nicht alle oft genug erlebt, daß Mitteilungen ein bestimmtes Ziel in der Beeinflussung der Wähler verfolgen?

Das Motiv ist ehrenhaft

Wie solche naiven Fomulierungen zustandekommen, ist nachvollziehbar: Natürlich ist es – besonders in Überschriften – lang, lästig und unschön, immer zu formulieren: Rühe sagte, Schröder meinte, die Textilbranche teilt mit. Die mangelnde Differenzierung zwischen Meldung und Meinung ist also geboren aus dem durchaus ehrenhaften Motiv der Vereinfachung.

Aber gibt es nicht auch andere Methoden, die notwendige Distanzierung deutlich zu machen?

Eine kleine Wunderwaffe ist hier der Doppelpunkt, und auch die wörtliche Rede ist gelegentlich eine gute Wahl. Am Beispiel 233: Milva: „Ich freue mich auf Bochum!“ hat sogar wesentlich mehr Ausdruckskraft als das schlappe Milva freut sich auf Bochum.

Auf die Anführungsstriche kann man bei einer solchen Konstruktion durchaus verzichten; die Sache ist auch so klar.

Roß und Reiter zu nennen war auch noch nie ein schlechter Rat im Journalismus. Das Beispiel 234 lautet demnach besser: VW-Vorstand kündigt Kurzarbeit an.

Und der kuriosen Headline 237 würde es gut tun, wenn der Widerspruch zwischen Wort und Tat so herausgearbeitet würde, wie es der Leser erwarten darf. Schröder: „Ich bleibe bei meinen Ansichten“ mitsamt Unterzeile Aber der Mehrheit beugt er sich doch macht die Dinge glasklar.

Auch das Wörtchen laut tut gute Dienste, wenn man klarmachen will, daß hier lediglich eine Äußerung referiert wird, ohne daß sich der Journalist mit ihr identifiziert. Statt Schröder sieht VW-Verlust kann man sich gut distanzieren mittels Laut Schröder wird VW Verluste machen.

Hilfreich sind auch alle Wörter, die den Verbalakt als solchen kennzeichnen und zugleich die Haltung des Sprechenden referieren. Warnen ist so ein Wort. Macht man zum Beispiel aus der Schlagzeile Textilbranche fürchtet Kahlschlag ein Textilbranche warnt vor „Kahlschlag“, kommen zwei Dinge wunderbar zum Ausdruck:

1. Dieses hier ist ein Sprechakt, in der dritten Person der eines anderen.

2. Das Objekt „Kahlschlag“, das als wertendes Zitat korrekterweise von An- und Abführung begleitet wird, bezeichnet einen vom Sprecher unerwünschten Sachverhalt.

Die saubere Kennzeichnung einer fremden Äußerung als solche ist von immenser Bedeutung. Schließlich bestehen unsere „Nachrichten“ an nicht wenigen Tagen gar nicht aus Ereignissen, sondern aus Meinungen über Ereignisse und aus Meinungen zu diesen Meinungen.

Wer das nicht glaubt, möge einmal die Politikseiten einer beliebigen Zeitung aufschlagen und zählen: In wie vielen Artikeln ist außer einer „Stellungnahme“ zu irgendetwas denn wirklich etwas *passiert*?

Nur am Rande: Könnte das vielleicht der Grund sein für die ungeheure Langeweile, die viele, gerade junge Menschen bei der Lektüre genau dieser Zeitungsteile empfinden?

Der aufgeregte Journalist

In das Kapitel über den naiven Journalisten gehört auch der aufgeregte Journalist, der zur Panikmache neigt.

Wir alle kennen panische Überschriften der Art Die schlimmsten Tiefs seit 16 Jahren, Die tiefste Talsohle seit 1977 und Das größte Schienenunglück seit 1956. Und wir warten noch auf die schlimmste Flugzeugkatastrophe seit dreieinviertel Jahren und fühlen uns bestätigt durch den Automatismus, mit dem in solchen Fällen ein Kasten auftaucht mit der Bilanz der Toten bei den zehn größten Flugzeugkatastrophen seit...

Das alles ist zur Genüge beschrieben worden und ist auch kein sprachliches Problem im engeren Sinne. Darum wollen wir lieber die Aufmerksamkeit auf ein Phänomen lenken, das ein kluger Journalist einmal „Immermehritis“ getauft hat. Diese in den Medien grassierende Krankheit sieht ungefähr so aus:

Kinder prügeln „immer skrupelloser und brutaler“

238

239

Studium für Ausländer immer härter

Weltweit werden die Menschen immer trauriger

Depressionen nehmen erschreckend zu

New York. Jüngere Menschen neigen weltweit mehr zu Depressionen als die Generation ihrer Väter und Großväter. Zu diesem Ergebnis kommt eine Untersuchung von insgesamt 43 000 Personen in mehreren Städten, von Nordamerika über Europa, von Asien bis nach Neuseeland.

Die Rate krankhafter Depressionen erhöht sich unabhängig von kulturellen, sozialen und biologischen Faktoren und über alle Grenzen hinweg mit jeder neuen Generation seit dem Jahrgang 1915. Das berichtete Myrna M. Weissman von der Columbia Universität in New York im Ärzteblatt „Journal of the American Medical Association".

Weissman entdeckte, daß sich das relative Risiko einer beliebigen Altersgruppe, an starken Depressionen zu leiden, gegenüber der jeweils zehn Jahre älteren Generation im Schnitt fast verdoppelte. Im italienischen Florenz ermittelte Weissman die höchste Steigerungsrate der Depressionsfälle mit einer durchschnittlichen Zunahme um 260 Prozent alle zehn Jahre. Die Untersuchungen in München zeigte den Forschern einen durchschnittlichen Anstieg um das 1,7fache der Depressionsfälle von einer Generation zur anderen.

240

Es vergeht fast kein Tag ohne irgendeine Meldung mit immer mehr, und pure Panikmache ist es deshalb, weil in den allermeisten Fällen lediglich mehr gemeint ist, nämlich mehr als vor einem Jahr oder irgendeinem anderen Bezugspunkt in der Vergangenheit. Das belegt dann meist der den Immer-mehr-Überschriften folgende Text, so wie in Beispiel 240, wo nur *eine* Generation mit der ihr *folgenden* verglichen wird.

Zur naiven Panikmache gehört auch die Übernahme bestimmter verzweifelter Gemeinplätze, etwa das berühmte Laien-Lamento in Sachen EDV. Kaum ein Bericht über eine Software-Messe zum Beispiel, der nicht an irgendeiner Stelle behauptete, der Markt werde für Laien immer undurchschaubarer und komplizierter.

Im Interesse seiner Leser sollte ein Journalist aber den Überblick über die Lage behalten, statt in Panikmache zu verfallen. Darum hier der Merkspruch:

Die höheren Mächte

Dieses Buch soll nicht zu Ende gehen ohne einen Ausflug in das Reich der höheren Mächte. Denn auch sie spielen im Leben des naiven Journalisten eine große Rolle.

Leben wir in einer aufgeklärten Gesellschaft? – Das denkt man so. Nach unseren Zeitungen zu urteilen, stimmt das nicht. Vielmehr sehen wir uns unentwegt irgendwelchen finsteren Mächten ausgesetzt, die da Todesopfer fordern und Wellen und Fluten unterschiedlichster Art über uns hereinbrechen lassen.

Grippe-Welle! Topspiel der 2. Liga vor Absage

241

Welle der Gewalt erschüttert Israel
Kein Tag ohne Anschlag – Gereizte Stimmung

242

Klagewelle aus den neuen Bundesländern erwartet

243

Welle der Gewalt wächst

244

Papierbranche hofft auf Boom durch Druck-Welle

245

Klageflut schwappt über Westfalens Arbeitsgerichte

246

Schlechte Konjunktur brachte Flut von Kündigungsprozessen

247

Christen bleiben Kirchen treu
Keine Austrittswelle in Thüringen

248

241 bis 248 Es wellt und wallt und flutet und nimmt kein Ende. Selbst nicht eingetretene „Wellen" werden, wie die nicht-existente Austrittswelle aus Beispiel 248 zeigt, noch als solche gesehen!

Der betroffene Journalist

Vom naiven, panischen, höheren Mächten schutzlos ausgesetzten Journalisten ist es nicht weit zum „betroffenen" Journalisten.

Man erkennt ihn vorzugsweise daran, daß er in seinen Schlagzeilen Zeichen setzt – für oder gegen etwas. In solchen Fällen ist eindeutig einer betroffen. Oder – im Befindlichkeits-Chinesisch soziologischer Provenienz – „er bringt seine Betroffenheit ein“.

Wo in unangekränkelten Kreisen Witze blühen über dieses späte Erbe der 68er (siehe Kasten), feiert es doch in mancher unserer Zeitungen fröhliche Urständ.

Es erleichtert zum Beispiel ungemein die Übernahme von Volkshochschul-Geschwafel vom Typus Wohnen ja, aber wie?

> *Treffen sich zwei Soziologen in Köln. Fragt der eine: „Wo geht es hier zum Dom?“ Sagt der andere: „Du, das weiß ich nicht, Du; aber ich find's unheimlich gut, daß wir drüber gesprochen haben.“*

Die Betroffenheit des Journalisten begünstigt auch die Bildung von Pluralen für Wörter der deutschen Sprache, die eigentlich keinen Plural zulassen. An die Ängste hat man sich ja inzwischen fast schon gewöhnt, obwohl Liebhaber des Deutschen sie immer noch meiden und keinesfalls auch noch die Formulierung Die Menschen bei ihren Ängsten abholen übernehmen würden.

Manches Betroffenheitsgeschwafel erledigt sich mit der Zeit von selbst. Was immer sich noch zum Jahreswechsel 1994/95 um die zu jener Zeit beliebten „Lichterketten“ herum gruppierte, ist mit denselben verloschen. Zurück bleiben als Erinnerungsstücke Sprachblüten aus deutschen Zeitungen, die selbst vorm Zaubern gegen den Haß nicht Halt machten. Und so schließen wir denn dieses Buch mit den Kabinettstückchen Nr. 249 bis 253.

Lichtermeer gegen Ausländerfeindlichkeit

249

Lichter gegen Vergewaltigung auf dem Balkan

250

Mit Lichterkette gemeinsam gegen Rechts

251

Mit blauen Schleifen gegen gefährlichen Ausländerhaß
Künstler setzen im Hamburger Thalia-Theater ihre eigenen Zeichen

252

Ausländerfreundliches Signal:
Zaubern gegen den Haß

253

Übungen

Parteiische Wörter erkennen

Eine Firma hat 1,95 Milliarden DM Jahresumsatz gemacht. Wie bewertet jemand diesen Umsatz, wenn er die Formulierungen 1 bis 10 benutzt? Ordnen Sie richtig zu. Die Lösung finden Sie am Ende des Übungteiles ab Seite 179.

1	annähernd zwei Milliarden	☐ neutral bis positiv
2	fast zwei Milliarden	☐ gut gemeint, aber falsch gerundet
3	über 1,9 Milliarden	☐ positiv, wohlwollend
4	nicht ganz 2 Milliarden	☐ abwertend, enttäuscht
5	knapp 2 Milliarden	☐ anerkennend, verteidigend
6	noch keine 2 Milliarden	☐ positiv, anerkennend
7	nahezu 2 Milliarden	☐ neutral, aber eher wohlwollend
8	rund 2 Milliarden	☐ positiv mit geteiltem Ehrgeiz
9	an die 2 Milliarden	☐ neutral
10	immerhin 1,95 Milliarden	☐ neutral, salopp

Wertungen entfernen

Die folgenden Aussagen enthalten alle Wertungen des beschriebenen Sachverhalts durch den Autor. Zum Teil beruhen sie auf parteiischen Wörtern (z. B. „dank"), zum Teil auf einem durch den Kontext geschaffenen Kausalzusammenhang (z. B. „und auch sonst"). Ersetzen Sie die wertenden Aussagen durch neutrale.

Stellvertretend für die verschiedenen Möglichkeiten, die sich im Einzelfall anbieten, wird Ihnen im Lösungsteil für jedes Beispiel eine angeboten.

1 Erneuter ausgiebiger Regen befürchtet

2 Dank der Intervention des Auswärtigen Amtes konnte die Aktion beendet werden.

3 Den Syltern drohen durch die neue Bahnkarte zahlreiche Billigtouristen.

4 Das Wetter am Wochenende verspricht heiß zu werden.

5 Die schöne Naomi wiegt keine 50 Kilo, und auch sonst hat das Schicksal es gut mit ihr gemeint.

6 Direkt nach dem Studium bekam Iris ein Kind, und damit fingen die Probleme erst an.

7 Die Terroristen sind in diesem Gefängnis der Isolationshaft ausgesetzt.

8 Den Studenten wird zugemutet, einen Teil ihrer Studienförderung als Darlehen zu beziehen.

9 Alarmierende Zahlen: Ozonwert bei 170!

10 Dem Angeklagten wird unterstellt, das Rauschgift in seinem Autositz nach Deutschland gebracht zu haben.

Das floskelhafte Adjektiv

Ist ein Ball denn immer „rauschend", der Druck denn stets „massiv", ein Widerspruch stets „eklatant", ein Graben immer „tief"? Kommen wir den Phrasendreschern auf die Spur! Setzen Sie die Adjektive ein, mit denen solche Leute die Leser langweilen. Achten Sie dabei auch auf das übrige schaurige Deutsch und versäumen Sie nicht, in einem zweiten Arbeitsgang zu insgesamt akzeptablen Formulierungen zu kommen (siehe Angebote im Abschnitt „Lösungen").

1 Bei der Podiumsdiskussion im Excelsior gab sich eine h . . . k . . . . Runde von Wirtschaftsexperten ein Stelldichein.

2 Beim Benzin drohen zum Monatsbeginn m . . . . . . Preissteigerungen.

3 Der Oppositionsführer im Landtag hat am Vorgehen der Polizei in dem Geiseldrama sch . . . . Kritik geübt.

4 Die Veranstaltung geriet zu einer m . . . . v . . . . . Demonstration gegen Ausländerhaß und Fremdenfeindlichkeit.

5 Ein k . . . . . Bier und eine z . . . . Erbsensuppe durften beim traditionellen Wandertag rund um den See natürlich nicht fehlen.

6 Auf die Frage, womit er sich denn fit gehalten habe, antwortet Opa Fiedler: „jeden Tag ein k . . . . . . Schnäpschen und dazu eine g . . . Zigarre".

7 S . . . . a . . . . . Regenfälle haben in der Nacht zum Sonntag zu chaotischen Verkehrsverhältnissen geführt.

8 Mit geradezu sch . . . w . . . . Sicherheit fand der Dieb den Weg ins Schlafzimmer der weiträumigen Villa.

9 Das erste Konzert des Meisters in Köln provozierte t . . . . . . Beifallsstürme.

10 Das Beben erreichte die Stärke 9 auf der n . . . o . . . o . . . . . . Richterskala.

11 Überall im g . . . . . Festzelt regten sich f . . . . Hände, um den Darbietungen den l . . . . . . Schliff zu geben.

12 Ein r . . . . h . . . . Angebot an Speisen und Getränken stand im Mittelpunkt des Publikumsinteresses.

13 Der Kanzler versicherte die ausländischen Mitbürger der u . e . . g . . . . Solidarität der Bundesregierung.

14 Vor der Küste Islands hat sich eine Tankerkatastrophe b . . . . . n . . . . d . . . . Ausmaßes ereignet.

15 Die f . . . . Suche nach dem entführten Jungen wird derweil fortgesetzt.

16 Im Foyer herrschte bereits h . . . . Treiben.

17 Ohne t . . . g . . . . Veränderungen im System der Gesundheitsvorsorge wird es nach den Worten von Horst Seehofer keine n . . . h . . . . Verbesserungen geben.

18 Wie aus g . . u . . . . Kreisen verlautet ...

19 Die Betroffenen quittierten die Entscheidung der Unternehmensführung mit u . g . . . . Staunen.

20 Der Solidarpakt, gab sich Theo Waigel überzeugt, werde von einer b . . . . . . Zustimmung in der Bevölkerung getragen.

Sie mußten in einigen Fällen trotz der Hilfsbuchstaben echt nachdenken, welche Adjektive die Langweiler unter Ihren Kollegen in solchen Fällen benutzen? Dann sollten Sie tunlichst am Ball bleiben und das ganze Buch durcharbeiten; es wird Ihnen auch noch in anderer Hinsicht die Augen öffnen.

Die verkappte Nominalphrase

In den folgenden Formulierungen taucht je ein Adjektiv auf, das zwar äußerlich keinen Anstoß erregt, aber keinen Sinn macht. Finden Sie es und formen Sie die Beispiele zu korrekten Aussagen um.

1 Die Versenkung der Bohrinsel kommt einer umweltpolitischen Katastrophe gleich.

2 Spannende Diskussion über industrielle Ethik

3 Der kleine Junge schien ein mathematisches Wunderkind.

4 Die Tigerstaaten sind zu elektronischen Wirtschaftsriesen herangewachsen.

5 Zögernd betrat sie das elterliche Gebäude.

6 Seit der Wende beobachten wir eine zahlungsmoralische Verschlechterung.

7 Die Ministerin forderte ein familienpolitisches Umdenken.

8 Dies sei doch wohl eher ein Fall für gynäkologische Experten.

9 Es waren fast ausschließlich ältere Herren, die zu dieser klerikalen Konferenz erschienen.

10 Über eine bemerkenswerte museumsarchitektonische Neuorientierung

Eine Übung voller Wert

Bitte wandeln Sie die Beispielsätze mit ihren auf „-wert" endenden Adjektiven so um, daß der Sinn dieser Konstruktion deutlich wird. Sie merken dann schnell, wo eine Fehlbildung vorliegt.

1. Das Thema ist abwegig, und dennoch ist das Buch lesenswert.
2. Die Kommission hat Kriterien erarbeitet, die definieren, welche Gebäude erhaltenswert sind.
3. Der Personalchef hält diese Arbeit für anerkennenswert.
4. Es folgte eine heftige Diskussion darüber, ob dieser Vorgang überhaupt erwähnenswert sei.
5. Die Veranstaltung war wirklich lohnenswert.

Im Bild bleiben

Bitte versuchen Sie, den auf Seite 52 abgebildeten Kommentar „Tarifautonomie am Ende?" so umzuschreiben, daß Sie einem einmal gewählten Bild treu bleiben. Vorschlag: Wählen Sie als Kernbild das Schiff!

Der Begriffswechselmanie widerstehen

Bitte versuchen Sie, die folgende Kurzmeldung, die tatsächlich in einer Zeitung erschienen ist, in ein ordentliches Deutsch zu übersetzen, ohne dabei mehr Zeilen zu produzieren. Erliegen Sie dabei bitte nicht wie der Schreiber der Meldung dem Zwang, die Begriffe zu wechseln, sondern wählen Sie den guten Weg über Nomen und Pronomen, Hauptwort und Fürwort.

Ehedrama: Bäcker steckte Haus an
Hagen. Weil seine Frau ihn verlassen wollte, erschlug ein 59jähriger Bäckermeister aus Hagen seine 50jährige Lebensgefährtin und steckte anschließend das gemeinsame Haus an. Die Feuerwehr fand auch seine verkohlte Leiche.

Der Leser soll auf Anhieb verstehen, was passiert ist. Das heißt: Der kleine Bericht muß so eingängig sein, daß man ihn leicht wiedererzählen kann. Und natürlich muß die Überschrift der *Haupt*meldung gelten, und das ist sicher *nicht* das abgebrannte Haus.

Hier wie fast überall gibt es mehrere gute Wege zu einem besseren und verständlicheren Textaufbau. Drei davon finden Sie im Abschnitt „Lösungen".

Übung 7

Übung 8

Blähsätze in gutes Deutsch übersetzen

Sprechen wir Deutsch! Ersetzen wir die künstlichen Nominalisierungen durch einfache, gute, starke Verben.

1. In der Runde kommt etwas zur Sprache.
2. Die mündliche Prüfung erfolgt am Nachmittag.
3. Der Bürgermeister stattet der Tagesstätte einen Besuch ab.
4. Die Veranstaltung wird vom Elternkreis durchgeführt.
5. Peter und Susanne sind die Ehe eingegangen.
6. Der Magistrat kündigte an, er werde nun unverzüglich für gezielte Maßnahmen zur Verbesserung der Versorgungslage Sorge tragen.
7. Wir schreiten jetzt zur Preisverleihung.
8. Die meteorologischen Umwelteinflüsse sind ein generelles Gesprächsthema. (Dieses Beispiel stammt von Kurt Weidemann, w & v 24/94, Seite 90)
9. Im Jugendbereich kann der Neubau von acht Kindergärten nicht erfolgen und im Schuldezernat können die Schulsanierungen, eine der dringendsten Aufgaben in diesem Bereich, nicht vorgenommen werden.
10. Bringen Sie das Gelernte jetzt zur Anwendung!

Übung 9

Blähdeutsch enttarnen

Hier eine Sammlung grauenhafter Texte. Einige von ihnen sind zu Ihrem Amusement erfunden; aber die meisten haben genau so in deutschen Zeitungen gestanden. Verwandeln Sie sie in gutes, solides Deutsch!

1. Die Zubereitung der ersten Tagesmahlzeit genießt auf meiner Prioritätenliste eindeutig den höchsten, mit unmittelbarem Handlungszwang gekennzeichneten Stellenwert.

2. Die großen Investitionsgelder richten sich bei Alcatel vornehmlich auf Zukunftsindustrien.

3. Bundesminister Leber hat heute dem Kabinett vorgetragen, daß er die von ihm im Verlauf der Debatte über den Verteidigungshaushalt am 26. Januar 1978 vor dem Deutschen Bundestag abgegebene Erklärung, der Lauschmitteleinsatz des Militärischen Abschirmdienstes (MAD) in der Privatwohnung einer Mitarbeiterin sei der einzige dieser Art gewesen, nach seinem nunmehrigen tatsächlichen Kenntnisstand und aufgrund einer erneuten rechtlichen Beurteilung der Frage, ob unter bestimmten Umständen auch nicht zu Wohnzwecken dienende Räume als Wohnung anzusehen seien, nicht aufrechterhalte. (Regierungssprecher Klaus Bölling)

4. Die addierten Enttäuschungen im zwischenmenschlichen und anderen Bereichen haben bei mir zu einer entsprechenden Gewöhnung geführt mit der Folge, daß auch Erfahrungen wie diese keine nennenswerte Störung meiner Befindlichkeit verursachen.

5. Daneben lockt das Revier mit einem Immobilienmarkt, der im Vergleich mit anderen deutschen Großstädten ein moderates Mietniveau aufweist.

6. Die Kooperation der Rosstrojgazifikacija mit der Ruhrgas AG erstreckt sich insbesondere auf den effzienteren Erdgaseinsatz unter Verwendung moderner Technologien sowie auf Maßnahmen zur Erdgaseinsparung.

7. Die Entwicklung auf dem Rauschgiftmarkt in Deutschland, so wie sie von den Sicherheitsbehörden erfaßt worden ist, hat sich 1992 auf hohem Niveau stabilisiert. Nach dem sprunghaften Ansteigen der Zahl von Rauschgiftopfern, Erstkonsumenten und der von den Behörden sichergestellten Mengen von Rauschgiften verlangsamte sich der Prozeß im vergangenen Jahr.

Komplexe Sätze entwirren

Unterstreichen sie in den folgenden Sätzen (auf der nächsten Seite) die Elemente des Satzkerns

Übung 11

Komplexe Sätze transparent formulieren

Versuchen Sie, nachdem Sie sich durch Unterstreichen der Satzkerne bereits den Überblick verschafft haben, bitte in einem zweiten Schritt, die Strukturen aufzubrechen und die Sätze transparent zu formulieren.

1. Bestätigt würden die den Afa-Tabellen zugrunde gelegten Werte gleichfalls durch die Ergebnisse der Rückmeldungen einer von den Spitzenverbänden in diesem Zusammenhang durchgeführten Umfrage in der gewerblichen Wirtschaft.

2. Versuche der Polizei, den 36jährigen, möglicherweise unter Drogeneinfluß stehenden, fanatischen Sektenführer, der sich für Jesus Christus hält, zum Aufgeben zu bewegen, versprechen Erfolg.

3. Die südafrikanische Regierung und der größte Gewerkschaftsbund des Landes, der Congress of South African Trade Unions (Cosatu), haben eine Vereinbarung erzielt, nach der die Schutzbestimmungen des Arbeitsrechts künftig auch für Farmarbeiter gelten sollen.

4. Konkurrenz auf dem Lagerfeld-Laufsteg (unten) machte der schönen Schiffer Cindy Crawford (li.), die mit ihrer Topfigur nicht nur Schauspieler-Gatte Richard Gere, der die Show miterlebte, bezauberte.

5. Die „Einkaufsinitiative Neue Bundesländer“, die Treuhand-Chefin Birgit Breuel gemeinsam mit dem ehemaligen Vorstandsvorsitzenden des Volkswagen-Konzerns, Carl H. Hahn, und dem Präsidenten des Bundesverbandes der Deutschen Industrie (BDI), Tyll Necker, ins Leben gerufen hat, legt der deutschen Industrie die Abkehr von den Grundsätzen der Marktwirtschaft nahe.

6. Nun steht die ÖTV ohne echtes Drohpotential und mit einer Vorsitzenden, die sich schon wieder viel zu weit vorgewagt hat, da.

7. Zwölf Tage lang sei der Betrieb in dem Theater, von dem Kritiker gerne behaupten, der Tag des Opernballs sei der einzige, an dem es keine finanziellen Verluste hinnehmen müsse, stark beeinträchtigt.

8. Da entstehen Finanzlöcher, weil es technisch unüberwindbar scheint, eine Heizkostenabrechnung über mehrere Jahre für die Orangerie aufzustellen.

9. Immer öfter kann man sich des Eindrucks nicht erwehren, daß die Brüsseler Bürokraten ein gehöriges Maß Schuld daran tragen, daß Europa bei den Bürgern so schlecht im Kurs steht.

10. Da in Frankreich der Hochschulzugang einfacher ist als in anderen Ländern (zum Beispiel werden im Fach Medien alle Bewerber aufgenommen und am Ende des ersten Jahres einem Auswahlwettbewerb unterzogen), wird befürchtet, daß die in anderen Ländern abgewiesenen Bewerber, also die schlechteren Kandidaten, an die französischen Hochschulen strömen.

Übung

Einen Text klarer formulieren

Der Text in der linken Spalte, der Titelseite einer Regionalzeitung entnommen, ist unnötig lang und schwer verständlich und verschleiert – wenngleich sicherlich ungewollt – die Zusammenhänge zugunsten der Politiker.
Schreiben Sie ihn um, so daß er kürzer, frischer und verständlicher wird und durch die Klarheit der Formulierung die Zusammenhänge transparent macht.
Ausnahmsweise ist der Lösungsvorschlag direkt neben dem Aufgabentext abgedruckt. So können Sie besser sehen, wo gestrichen worden ist und wie viel Platz dadurch eingespart werden konnte. Sie können die rechte Spalte ja abdecken, während Sie sich an der Umformulierung versuchen.

Steuereinnahmen um 12,5 Milliarden niedriger	**12,5 Milliarden weniger Steuerneinnahmen?**
Bonner Koalition will 3000 Stellen beim Bund kürzen	Koalition will 3000 Stellen beim Bund streichen
Der Konjunkturknick führt zu erheblichen Steuermindereinnahmen im kommenden Jahr. Gegenüber der im Mai vorgelegten Einnahmeberechnung muß die öffentliche Hand in diesem Jahr mit 12,5 Milliarden Mark weniger Steuern auskommen. Insgesamt ergab die gestern in Bonn beendete amtliche Steuerschätzung Einnahmen von 760 Milliarden Mark.	Bund, Länder und Gemeinden werden wegen der abflachenden Konjunktur in diesem Jahr wahrscheinlich mit 760 Milliarden Mark an Steuern auskommen müssen – 12,5 Milliarden Mark weniger als noch im Mai berechnet. Das ist das Ergebnis der amtlichen Steuerschätzung, die gestern in Bonn beendet wurde.
	1

Bundesfinanzminister Waigel (CSU) rief Länder und Gemeinden zu mehr Ausgabendisziplin auf. Gleichzeitig rechtfertigte er die Absicht Bonns, die den Bund mit rund 7,5 Milliarden Mark treffenden Steuermindereinnahmen durch eine erhöhte Neuverschuldung auszugleichen. Mittelfristig aber bleibe es dabei, die öffentlichen Defizite vor allem durch strikte Ausgabenbegrenzung zu reduzieren.

Bundesfinanzminister Waigel (CSU) rief Länder und Gemeinden zum Sparen auf, verteidigte aber die Absicht des Bundes, die auf ihn entfallenden 7,5 Milliarden Mark Mindereinnahmen durch eine höhere Verschuldung zu decken. „Mittelfristig" solle jedoch auch beim Bund gespart werden.

2
3
4
5

Die Bundesländer müssen 3,8 Milliarden weniger Steuereinnahmen verkraften. Kommunen kommen mit einem blauen Auge davon: Ihnen haben die Steuerschätzer lediglich ein Minus von 100 Millionen Mark vorgerechnet. Stärker betroffen ist die EG, die statt der bisher geplanten 38,5 Milliarden im kommenden Jahr nur 37,3 Milliarden Mark erhält.

Die Bundesländer haben sich nach der Schätzung auf 3,8 Milliarden weniger Steuern einzustellen. Die Kommunen kommen lediglich auf eine Zehntelmilliarde. In die Europäische Gemeinschaft werden statt der bisher geplanten 38,5 voraussichtlich nur 37,3 Milliarden Mark fließen.

6
7
8

Den Umfang des Sparvolumens zum Ausgleich des Bundeshaushalts hat FDP-Fraktionschef Solms auf über 20 Milliarden Mark beziffert. Konkrete Sparvorschläge habe es dazu auf dem jüngsten Treffen der Partei- und Fraktionschefs der Koalition im Kanzleramt nicht gegeben.

FDP-Fraktionschef Solms zufolge muß der Bund 1993 mindestens 20 Milliarden Mark sparen, um zu einem ausgeglichenen Haushalt zu kommen. Vorschläge habe es dazu beim letzten Treffen der Partei- und Fraktionschefs im Kanzleramt aber nicht gegeben.

Gegen Waigels Willen will die Koalition 3000 Stellen beim Bund streichen. Die FDP hat einem Vorschlag der Unionsfraktion zugestimmt, die insgesamt 300.000 Planstellen um ein Prozent zu kürzen. Dadurch würden in 1993 rund 200 Millionen Mark eingespart, in den folgenden Jahren jeweils mehr. Waigel hatte dagegen 75 weitere Planstellen angefordert. Die Zahl der Parlamentarischen Staatssekretäre soll von der Kürzung nicht berührt werden.

Die Koalition will von den 300.000 Stellen beim Bund 3.000 streichen – so ein Vorschlag der Unionsfraktion, dem die FDP zugestimmt hat. Mit dieser Kürzung, von der aber die Parlamentarischen Staatssekretäre nicht berührt werden sollen, würden allein 1993 200 Millionen Mark eingespart. Waigel ist gegen den Stellenabbau; er hat weitere 75 Planstellen angefordert.

9

10

Fazit: Der Text ist jetzt 10 Zeilen kürzer, aber viel verständlicher, und er wird von Lesern sicher in dieser Form mehr geschätzt werden als von den Politikern; aber das kann ja nicht verkehrt sein.

Fachjargon übersetzen

Bitte übersetzen Sie den folgenden Fachjargon – bis auf Beispiel 5 alles aus deutschen Tageszeitungen! – in eine gute, allgemeinverständliche Sprache.

1. Erneut hat sich Fürstin Gloria Sparmaßnahmen ausgedacht: Um die Rendite aus der Holzwirtschaft zu erhöhen, soll der „Fürstliche Thiergarten" nahe Donaustauf bei Regensburg in Kernbereichen aufgelassen werden. In den nächsten drei Jahren ist der Abschuß des gesamten Rotwildbestands geplant.

2. Ein weiteres Ergebnis der von der Volksfürsorge durchgeführten Marktuntersuchung war der verbreitete Wunsch, die Querschnittlähmung finanziell abzusichern.

3. Quelle denkt laut Manager Wolfgang Bühler darüber nach, Aktivitäten aus der unternehmerischen Verantwortung herauszunehmen. Mit Möbel Hess habe man bereits...

4. Da das Ableben regelmäßig nicht beruflich bedingt ist, können die Beiträge zu einer Sterbekasse nicht als Betriebsausgaben geltend gemacht werden.

5. Wegnahme einer fremden beweglichen Sache in Zueignungsabsicht

Übung 14

Sportler unter sich

Neuerdings gibt es im Sport immer „hochkarätige Chancen", zum Beispiel für Tore, die dann doch keine werden. Aber wie hochkarätig sind die Chancen, die Nicht-Eingeweihte (meist Frauen) haben, den Sportteil überhaupt zu verstehen? Bitte testen Sie, wie viele der folgenden zwanzig Begriffe Sie auf Anhieb verstehen:

1. Die Schwarzgelben
2. Der Schiri
3. Der Leimener
4. Chappi
5. Die Königsblauen
6. Die Geißböcke
7. Die Zebras
8. Die Nullneuner
9. am Betzenberg
10. Rote Teufel
11. gelb-rot sehen
12. Super-G
13. Kellerduell
14. fünf Zähler
15. Die Bayern
16. Schalke immer noch auf Nulldiät
17. Die Lohrheide
18. Lautern
19. Schumi
20. Die Dynamos

Chiffren auflösen

Wir spielen einmal Ausländer und versuchen, die Ortsangaben deutscher Zeitungen mit Inhalt zu füllen.
Bitte schreiben Sie auf, wofür der unterstrichene Begriff jeweils steht.

1. Unmut über <u>die Hardthöhe</u>
2. <u>Nürnberg</u> erfolgreich im Kampf gegen Schwarzarbeit
3. Für Blauhelm-Einsätze will Kinkel <u>Karlsruhe</u> anrufen
4. <u>Detroit</u> denkt über Dumpingklage nach
5. Paris streitet <u>mit Brüssel</u> wegen Bull-Zuschüssen
6. <u>Stuttgart</u> will Ausländer auf Streife schicken

Kennen Sie Abkürzungen?

Machen Sie den Abkürzungstest! Stellen Sie fest, wie viel Prozent der folgenden Abkürzungen (alle aus deutschen Tageszeitungen) Ihnen ohne Zögern geläufig sind. Und fragen Sie dann, wie viel von dieser Art Sie Ihren Lesern zumuten dürfen.

RP	STVO	Birilig	BGB	StGB
BfA	BfG	ZVS	DGB	PLO
IWF	Kita	BGH	LPG	

Der Fremdwörtertest

Auf zum Fremdwörtertest! Stellen Sie fest, wieviel Prozent der folgenden Begriffe (alle aus deutschen Tageszeitungen) Ihnen ohne Zögern geläufig sind, und fragen Sie sich dann, ob Sie so etwas Ihren Lesern zumuten dürfen. Kreuzen Sie an, was Sie für die richtige Bedeutung halten:

Neulich schrieb ich einen letter
of intent als Art vendetta.
Er geriet zu numinos.
Ach, es war der Teufel los!

letter of intent
- ☐ schriftliche Absichtserklärung
- ☐ Liebesbrief
- ☐ Bewerbungsschreiben

vendetta
- ☐ italienisch „Ausverkauf“
- ☐ Blutrache
- ☐ kleiner Motorroller

Chuzpe
- ☐ tollkühne Dreistigkeit
- ☐ arabische Kopfbedeckung
- ☐ israelische Knabbermandel

Roadmovie
- ☐ Kinofilm, der auf der Straße spielt
- ☐ Straßenverlegung
- ☐ Obdachloser

Pädiatrie
- ☐ Kinderheilkunde
- ☐ Fußpflege
- ☐ Sexueller Mißbrauch von Kindern

Gerontologie
- ☐ Sekte im Gefolge St. Gereons
- ☐ Altenheilkunde
- ☐ Altersforschung

Mediävistik
- ☐ Wissenschaft vom Mittelalter
- ☐ Medienkunde
- ☐ Vertriebslogistik von Zeitungen

Perestroika
- ☐ russischer Tanz
- ☐ Umgestaltung
- ☐ Offenheit

Konsens
- ☐ Zusammenbruch
- ☐ Kollegium, das den Papst wählt
- ☐ Übereinstimmung

Referee
- ☐ Gerichtsdiener
- ☐ Schiedsrichter
- ☐ Assistent eines Referenten

Die indirekte Rede

Bitte übertragen Sie die folgenden wörtlichen Äußerungen in die indirekte Rede. Beginnen Sie sie wie vorgegeben.

1. **Ich bin krank.**
   Max sagte, er ...
2. **Wird Johanna auch eingeladen?**
   Ingrid fragte, ob ...
3. **Ich will dich mit meinen Eltern besuchen.**
   Dorit sagte, sie ...
4. **Sie sind bei einer Operation.**
   Es hieß, sie...
5. **Die Punkte sind von unterschiedlichem Gewicht; da kommt es auf die Rangordnung an.**
   Der Minister sagte, die Punkte...
6. **Es ist Zeit zum Schlafengehen.**
   Sie meinte, es ...
7. **Bei Takt und Verständnis wird kein Partner den anderen überstimmen.**
   Der Außenminister stellte fest, bei ....
8. **Meine Eltern sind gestern im Kaufhaus gewesen; sie haben dort ein Fahrrad für mich gekauft.**
   Jens erzählte, seine Eltern ...

10. **Sie können einen guten Eindruck hinterlassen, indem Sie den Konjunktiv richtig gebrauchen.**
Ich sagte, er ...

11. **Ich arbeite nun schon jahrelang an dem Buch, ohne daß ich je damit fertig werde.**
Sie klagte, sie ...

12. **Behrens, der sie vergöttert hat, ist durch den Schlag so schwer getroffen, daß er in Wunderlichkeit verfallen ist und sich durch Selbstgespräche auffällig gemacht hat.**
Es hieß, Behrens, ...

13. **Unser Kind wäre nie zur Welt gekommen, wenn wir uns damals getrennt hätten.**
Sie meint, ihr Kind ...

14. **Ich fliege morgen nach New York.**
Er sagt, er ...

15. **Der Kanzler liest den Spiegel nicht.**
Er erwiderte, der Kanzler ...

16. **Wenn das so gilt, dann gute Nacht!**
Sie schloß mit der Bemerkung, wenn ...

17. **Sie kennen das Buch nicht; sonst würden Sie anders urteilen.**
Er warf mir vor, ich ...

18. **Vielen Dank für das großzügige Geschenk. Wir freuen uns sehr.**
Sie bedankten sich ... und sagten, sie ...

19. **Wir wohnen hier schon lange.**
Er sagte, sie ...

20. **Wir gehen morgen ins Theater.**
Sie sagten, sie ...

So vervollkommnen Sie Ihr Perfekt

Stellen Sie sich vor, Sie sind als reitender Bote angestellt und bekommen Auftragszettel (1. bis 10.) mit den Elementen einer Botschaft in die Hand gedrückt, die Sie nun ausformulieren sollen.

1. Willy Brandt
   früher Morgen
   tot

2. Bundespräsident
   20. Bundesgartenschau
   eröffnen
   Dortmund
   gestern

3. Werner Peters
   Bundesverdienstkreuz
   gestern
   Ministerpräsident
   Feierstunde im Rathaus

4. Freitagnacht
   Zusammenstoß
   Straßenbahn und Auto
   Bahnhofstraße
   Fehler des Autofahrers
   beim Linksabbiegen
   zwei Tote

5. Albert Sabin
   86
   tot
   Georgetown
   Vater der Schluckimpfung

6. Saarland
   Sturm
   Nacht zum Mittwoch
   Richterskala 10
   50 Millionen Mark Sachschaden

7. Banküberfall
   Sparkasse
   Filiale Borbeck
   2 bewaffnete Täter
   2 Millionen Mark
   Suche nach Geld und Tätern

8. 20 Schulklassen
   Stadtwald aufräumen
   freiwillig
   gestern
   Tag der Umwelt

Und noch eine letzte Übung für Bibelfeste:

9. Große Freude
   heute
   Heiland
   Geburt

Die Negation verneinen? – Vorsicht!

Bitte kreuzen Sie an, welche Aussage auf die Beispiele zutrifft.

1. Die Deutschen sagen Nein zum Verzicht auf Einkommen.
   - ☐ a. Das Einkommen soll gleich bleiben
   - ☐ b. Das Einkommen darf sinken.

2. Der Minister sprach sich gegen die Aufhebung des Abschiebestopps für Kurden aus.
   - ☐ a. Die Kurden sollen bleiben.
   - ☐ b. Die Kurden sollen abgeschoben werden.

3. Der Zeuge bestritt, daß er Nichtraucher sei.
   - ☐ a. Der Zeuge ist nach eigener Aussage Raucher.
   - ☐ b. Der Zeuge ist nach eigener Aussage Nichtraucher.

4. Antiluftwaffenembargogesetz
   - ☐ a. Ein Gesetz gegen den Einsatz von Luftwaffen
   - ☐ b. Ein Gesetz für den Einsatz von Luftwaffen

5. Im Verkehrsfunk wird davor gewarnt, die Schneeketten zu vergessen.
   - ☐ a. Man soll die Schneeketten mitnehmen.
   - ☐ b. Man kann sie getrost zu Hause lassen.

Lösungen

Parteiische Wörter erkennen

1 positiv · wohlwollend
2 neutral bis positiv
3 gut gemeint, aber falsch gerundet
4 positiv mit geteiltem Ehrgeiz
5 neutral, aber eher wohlwollend
6 abwertend · enttäuscht
7 positiv · anerkennend
8 neutral
9 neutral · salopp
10 anerkennend · verteidigend

Wertungen entfernen*

1 Erneuter ausgiebiger Regen zu erwarten

2 Durch die Intervention des Auswärtigen Amtes konnte die Aktion beendet werden

3 Die Sylter müssen durch die neue Bahnkarte mit zahlreichen „Billigtouristen“ rechnen

4 Das Wetter am Wochenende soll heiß werden

5 Naomi wiegt weniger als 50 Kilo. Sie ist schön, und auch sonst hat das Schicksal es gut mit ihr gemeint

6 Direkt nach dem Studium bekam Iris ein Kind. Sie empfand das als Problem; aber es sollte nicht ihr einziges bleiben

7 Die Terroristen sind in diesem Gefängnis in Einzelhaft

8 Von den Studenten wird erwartet, daß sie einen Teil ihrer Studienförderung als Darlehen beziehen

9 Neue Meldung: Ozonwert bei 170

10 Dem Angeklagten wird zur Last gelegt, das Rauschgift in seinem Autositz nach Deutschland gebracht zu haben.

* Kleine Anmerkung: Um den Kern der Übung nicht zu verwässern, sind die Beispiele nur von Wertungen befreit, aber nicht stilistisch korrigiert worden. Darum ist zum Beispiel das Passiv in Satz 8 stehengeblieben, obwohl man dort sicher besser sagen sollte, *wer* etwas von den Studenten erwartet, also: *Minister Rütgers erwartet von den Studenten, daß sie...*

Das floskelhafte Adjektiv

Diese „Lösung" ist eigentlich eine Sünde, zeigt sie doch genau die dummen Phrasen, die zustandekommen, wenn auch noch die in der Übung fehlenden Adjektive eingesetzt worden sind. Sie ist darum nur zu genießen in Verbindung mit der Aufforderung, die Sätze insgesamt umzuformulieren. Mögliche Lösungen dieser Aufgabe folgen direkt nach jedem Satz.

1 **Bei der Podiumsdiskussion im Excelsior gab sich eine hochkarätige Runde von Wirtschaftsexperten ein Stelldichein.**
Zu der Podiumsdiskussion im Excelsior waren bekannte Wirtschaftsfachleute zusammengekommen.

2 **Beim Benzin drohen zum Monatsbeginn massive Preissteigerungen.**
Beim Benzin ist zum Monatsbeginn mit deutlich höheren Preisen zu rechnen. (Besser wäre: *Wer* rechnet damit?)

3 **Der Oppositionsführer im Landtag hat am Vorgehen der Polizei in dem Geiseldrama scharfe Kritik geübt.**
Der Oppositionsführer im Landtag hat das Verhalten der Polizei bei der Geiselnahme heftig kritisiert.

4 **Die Veranstaltung geriet zu einer machtvollen Demonstration gegen Ausländerhaß und Fremdenfeindlichkeit.**
Die Teilnehmer der Veranstaltung wandten sich geschlossen gegen „Ausländerhaß und Fremdenfeindlichkeit".

Lösung 3

Die Anführungszeichen in Lösung 4 sind gewählt als Zeichen der Distanz des Autors gegenüber einer politisch gefärbten, stehenden Wendung, die vermutlich von der Teilnehmern der Veranstaltung benutzt worden ist und daher neutral als solche gekennzeichnet werden soll.

5 **Ein kühles Bier und eine zünftige Erbsensuppe durften beim traditionellen Wandertag rund um den See natürlich nicht fehlen.**
Frisches Bier und duftende Erbsensuppe belohnten auch dieses Jahr wieder die Teilnehmer des beliebten Wandertages rund um den See.

6 **Auf die Frage, womit er sich denn fit gehalten habe, antwortet Opa Fiedler: „Jeden Tag ein kleines Schnäpschen und dazu eine gute Zigarre".**
Wenn er's wirklich gesagt hat, dann ist Opa Fiedler selbst schon ein Opfer der vielgelesenen Platitüde, die an dieser Stelle von ihm erwartet wird. Zitieren Sie ihn um Himmels willen mit etwas anderem!

7 **Sintflutartige Regenfälle haben in der Nacht zum Sonntag zu chaotischen Verkehrsverhältnissen geführt.**
Stundenlange Regengüsse haben in der Nacht zum Sonntag den Straßenverkehr fast lahmgelegt.

8 **Mit geradezu schlafwandlerischer Sicherheit fand der Dieb den Weg ins Schlafzimmer der weiträumigen Villa.**
Mit erstaunlicher Sicherheit fand der Dieb den Weg ins Schlafzimmer der weiträumigen Villa.

9 **Das erste Konzert des Meisters in Köln provozierte tosende Beifallsstürme.**
Das erste Konzert des Meisters in Köln wurde mit tosendem Beifall aufgenommen.

10 **Das Beben erreichte die Stärke 9 auf der nach oben offenen Richterskala.**
Das Beben erreichte die Stärke 9 auf der „Richter-Skala".

13 **Der Kanzler versicherte die ausländischen Mitbürger der uneingeschränkten Solidarität der Bundesregierung.**
Der Kanzler versicherte, die Bundesregierung sei in dieser Frage solidarisch mit den ausländischen Mitbürgern.

14 **Vor der Küste Islands hat sich eine Tankerkatastrophe bisher nicht dagewesenen Ausmaßes ereignet.**
Vor der Küste Islands hat sich schreckliches Tankerunglück ereignet.

15 **Die fieberhafte Suche nach dem entführten Jungen wird derweil fortgesetzt.**
Die Polizei sucht weiter mit allen Kräften nach dem entführten Jungen.

16 **Im Foyer herrschte bereits hektisches Treiben.**
Im Foyer war bereits starker Betrieb.

17 **Ohne tiefgreifende Veränderungen im System der Gesundheitsvorsorge wird es nach den Worten von Horst Seehofer keine nachhaltigen Verbesserungen geben.**
Das System der Gesundheitsvorsorge muß nach den Worten von Horst Seehofer komplett geändert werden.

18 **Wie aus gut unterrichteten Kreisen verlautet...**
Wie wir von (Name; Quelle) hören...

19 **Die Betroffenen quittierten die Entscheidung der Unternehmensführung mit ungläubigem Staunen.**
Die betroffenen Mitarbeiter wollten die Entscheidung der Unternehmensführung zunächst nicht glauben.

20 **Der Solidarpakt, gab sich Theo Waigel überzeugt, werde von einer breiten Zustimmung in der Bevölkerung getragen.**
Theo Waigel gab sich überzeugt, daß die meisten Deutschen dem Solidarpakt zustimmen.

Die verkappte Nominalphrase

Der Test, ob Sie die Konstruktion „Adjektiv + Substantiv" auflösen können zu „Substantiv ist Adjektiv", wird Ihnen geholfen haben zu erkennen, welche der Adjektive aus Übung 4 in Wahrheit verkappte Nominalphrasen sind. So kann man zum Beispiel nicht sagen, um gleich bei Beispiel 1 zu beginnen: „Die Katastrophe ist umweltpolitisch".

1 Die Versenkung der Bohrinsel ist eine Katastrophe für die Umwelt (und kein Ruhmesblatt für die Politik).

2 Spannende Diskussion über Ethik in der Industrie

3 Der kleine Junge schien ein Wunderkind der Mathematik.

4 Die Tigerstaaten sind zu Riesen der Elektronikwirtschaft herangewachsen.

5 Zögernd betrat sie ihr Elternhaus.

6 Seit der Wende beobachten wir eine Verschlechterung der Zahlungsmoral.

7 Die Ministerin forderte ein Umdenken in der Familienpolitik.

8 Dies sei doch wohl eher ein Fall für Fachleute der Frauenheilkunde.

9 Es waren fast ausschließlich ältere Herren, die zu dieser Klerus-Konferenz erschienen.

10 Über eine bemerkenswerte Neu-Orientierung in der Museumsarchitektur

Eine Übung voller Wert

Die folgenden „Lösungssätze" sind sicher nicht schön; aber sie machen den Sinngehalt der Konstruktion „Adjektiv +wert" deutlich.

1. Das Thema ist abwegig, und dennoch ist das Buch es wert, gelesen zu werden.
2. Die Kommission hat Kriterien erarbeitet, die definieren, welche Gebäude es wert sind, erhalten zu werden.
3. Der Personalchef hält diese Arbeit für wert, anerkannt zu werden.
4. Es folgte eine heftige Diskussion darüber, ob dieser Vorgang überhaupt wert sei, erwähnt zu werden.
5. Hier versagt die Konstruktion. „Lohnenswert" ist eben Unsinn.

Im Bild bleiben

Der Kommentar „Tarifautonomie am Ende?" könnte bei einer Konzentration auf das Kernbild „Schiff" folgendermaßen lauten:

Wohin auch immer die IG Metall sich wendet – die Zeichen stehen auf Sturm. Nach den Turbulenzen in der Stahlindustrie des Ruhrgebietes kommt sie nun auch in den neuen Bundesländern in rauhe See: Ob Arbeitsplätze oder Löhne, Glaubwürdigkeit oder Perspektiven, die Wogen gehen hoch.

Doch der Einsatz der Gewerkschaft wird im Osten nicht honoriert. Im Gegenteil: Ihr Beharren auf dem gültigen Tarifvertrag wird als Vernichtung von Arbeitsplätzen angesehen.

26 Prozent Lohnerhöhung hatte die IG Metall gewollt, ein aussichtsloses Unterfangen. Es endete nicht in einem Kom-

promiß, sondern in einer Vertragskündigung vor der Zeit und in einem Streit vor Gericht, der Jahre dauern kann und den Beschäftigten bestimmt nicht hilft. Die Flagge der Tarifautonomie läßt sich so am wenigsten hochhalten.

Mußten die Tarifparteien denn so kompromißlos die Auseinandersetzung suchen? Kann die IG Metall nicht, statt das Schlachtschiff zu spielen, auch einmal flexible Boote bemühen und ihre Tarifpolitik zugunsten kleinerer Betriebe flexibilisieren? Braucht man nicht in den schwierigen Gewässern der Ostwirtschaft ein wenig mehr Wendigkeit, um ans Ziel zu kommen?

Natürlich haben auch die sächsischen Arbeitgeber und Politiker Fehler gemacht, indem sie die Lohnpolitik überbewertet haben. Denn nicht die Löhne sind im Osten das Problem, sondern die fehlenden Aufträge und eine mangelhafte Wirtschaftspolitik.

Nicht ganz zu Unrecht zeigen die Mängelverwalter auch nach Bonn. Doch dürfen sie selbst das Steuer nicht aus der Hand geben. Das gilt auch für die IG Metall. Sonst wird sie die Flagge der Tarifautonomie demnächst für immer einholen können.

Anmerkung:
Das Bild ist hier zu Demonstrationszwecken bis an seine Grenzen ausgereizt worden. Man hätte sich durchaus an einigen Stellen aus dem Bild heraushalten können – natürlich ohne deshalb gleich in ein anderes zu springen, sondern einfach durch Wechsel in eine bildfreie Sprache. Grundsätzlich gilt: Auch ein starkes Bild mit vielen Facetten bitte nicht überstrapazieren! Weniger ist häufig mehr.

Lösung 6

Der Begriffswechselmanie widerstehen

Lösung 1

Hagener Bäcker erschlug seine Frau

In Hagen hat sich ein Ehedrama abgespielt. Eine Frau, 50 Jahre alt, wollte ihren Mann, einen 59jährigen Bäckermeister, verlassen. Der schlug sie tot und zündete dann das gemeinsame Haus an. Die Feuerwehr fand darin die verkohlten Leichen beider Eheleute.

Bei diesem ersten Lösungsangebot ist das eigentliche Ereignis, nämlich der Totschlag, in die Überschrift gewandert. Die Meldung selbst beginnt mit einer Aufmerksamkeit gegenüber dem Leser, der vorsichtigen Einstimmung in eine grauenvolle Tat. Man fällt bei so entsetzlichen Nachrichten nicht gern mit der Tür ins Haus.
Die Lösung des eigentlichen Problems (Wie bezeichne ich die Personen, ohne dauernd dieselben Worte zu gebrauchen?) ist hier ganz simpel: Es wird einfach nur von A bis Z erzählt, beginnend mit der Frau, die sich von ihrem Mann trennen will. Damit sind die Personen eingeführt und man kann problemlos mit „Der schlug sie tot“ auf beide zurückkommen.

Lösung 2

Das zweite Lösungsangebot geht davon aus, daß der Grund für die Tat des Bäckermeisters derzeit nur vermutet werden kann. Er wird deshalb ans Ende gerückt – womit das Problem mit der Begriffswechselei ganz elegant umschifft wäre:

Tragisches Ende einer Ehe

Ein 59jähriger Bäckermeister aus Hagen hat seine neun Jahre jüngere Frau erschlagen und danach das gemeinsame Haus angezündet. Die Feuerwehr fand darin die verkohlten Leichen beider Eheleute. Als Grund für die Tat wird angenommen, daß die Frau den Mann verlassen wollte.

Lösung 3 Während Lösung 1 schon chronologisch von A bis Z erzählt (was natürlich nur zulässig ist, wenn der Grund für die Tat bekannt ist und nicht nur vermutet wird), berichtet Lösung 3 vom Ergebnis her. Hier wird die Einstimmung des Lesers auf den wenig schönen Inhalt der Meldung in die Überschrift verlagert:

Grausiger Fund in Hagen
In einem total abgebrannten Hagener Haus hat die Feuerwehr die verkohlten Leichen eines Mannes und einer Frau gefunden. Es handelt sich um einen 59jährigen Bäckermeister und seine neun Jahre jüngere Frau. Der Mann hatte die Frau erschlagen, weil sie ihn verlassen wollte.

Dieser Textaufbau ist der spannendste, denn hier wird mit jedem neuen Satz eine weitere Neugier des Lesers geweckt, die dann auch sogleich befriedigt wird:

Was war da so grausig in Hagen?
Der Fund der verkohlten Leichen.

Wer war das?
Der Bäcker und seine Frau.

Warum denn das alles?
Sie wollte ihn verlassen.

Für den Fall, daß der Grund zu der Tat nur vermutet werden kann, müßte der letzte Satz natürlich anders lauten: Wie es heißt, hatte die Frau den Mann verlassen wollen.

Blähsätze in gutes Deutsch übersetzen

1. Die Runde bespricht etwas.
2. Die mündliche Prüfung ist am Nachmittag.
3. Der Bürgermeister besucht die Tagesstätte.
4. Veranstalter ist der Elternkreis.
5. Peter und Susanne haben geheiratet.
6. Der Magistrat kündigte an, er werde sich nun bald um eine bessere Versorgung kümmern.
7. Wir wollen jetzt die Preise verleihen.
8. Alle reden vom Wetter.
9. Die geplanten acht Kindergärten können nicht gebaut und die Schulen können – obwohl dies dringend notwendig wäre – nicht saniert werden.
10. Zeigen Sie jetzt, was Sie gelernt haben!

Blähdeutsch enttarnen

Für die grauenhaften Texte aus Übung 9 gibt es sicher viele Möglichkeiten der Umformulierung. Hier Vorschläge. Aber vielleicht haben Sie bessere.

1. **Die Zubereitung der ersten Tagesmahlzeit genießt auf meiner Prioritätenliste eindeutig den höchsten, mit unmittelbarem Handlungszwang gekennzeichneten Stellenwert.**
   Ich mache jetzt bestimmt als nächstes das Frühstück.

Lös

2. Die großen Investitionsgelder richten sich bei Alcatel vornehmlich auf Zukunftsindustrien.
   Alcatel investiert vor allem in Industriezweige mit Zukunft.
   (Besser noch: Streichen. Wer investiert schon in Industriezweige mit Vergangenheit?)

3. Bundesminister Leber hat heute dem Kabinett vorgetragen, daß er die von ihm im Verlauf der Debatte über den Verteidigungshaushalt am 26. Januar 1978 vor dem Deutschen Bundestag abgegebene Erklärung, der Lauschmittelseinsatz des Militärischen Abschirmdienstes (MAD) in der Privatwohnung einer Mitarbeiterin sei der einzige dieser Art gewesen, nach seinem nunmehrigen tatsächlichen Kenntnisstand und auf grund einer erneuten rechtlichen Beurteilung der Frage, ob unter bestimmten Umständen auch nicht zu Wohnzwecken dienende Räume als Wohnung anzusehen seien, nicht aufrechterhalte. (Regierungssprecher Klaus Bölling)
   Am 26. Januar hatte Minister Leber während der Debatte über den Verteidigungshaushalt vor dem Bundestag gesagt, der Militärische Abschirmdienst habe nur eine einzige Mitarbeiterin in ihrer Wohnung belauscht. Das hat er heute zurückgenommen: Es könnten auch noch weitere Privatpersonen heimlich abgehört worden sein. Wieviele genau, das hänge davon ab, was ein Richter gegebenenfalls alles als „Wohnung" definieren würde.

4. Die addierten Enttäuschungen im zwischenmenschlichen und anderen Bereichen haben bei mir zu einer entsprechenden Gewöhnung geführt mit der Folge, daß auch Erfahrungen wie diese keine nennenswerte Störung meiner Befindlichkeit verursachen.
   Ich bin Kummer gewöhnt.

5. Daneben lockt das Revier mit einem Immobilienmarkt, der im Vergleich mit anderen deutschen Großstädten ein moderates Mietniveau aufweist.

   Außerdem sind die Mieten im Ruhrgebiet vergleichsweise bescheiden.

6. Die Kooperation der Rosstrojgazifikacija mit der Ruhrgas AG erstreckt sich insbesondere auf den effziente-ren Erdgaseinsatz unter Verwendung moderner Technologien sowie auf Maßnahmen zur Erdgaseinsparung.

   Die Zusammenarbeit von „Rosstrojgazifikacija" und Ruhrgas soll vor allem zu einem wirkungsvolleren und sparsameren Umgang mit Erdgas führen. Dazu muß auch die Technik modernisiert werden.

7. Die Entwicklung auf dem Rauschgiftmarkt in Deutschland, so wie sie von den Sicherheitsbehörden erfaßt worden ist, hat sich 1992 auf hohem Niveau stabilisiert. Nach dem sprunghaften Ansteigen der Zahl von Rauschgiftopfern, Erstkonsumenten und der von den Behörden sichergestellten Mengen von Rauschgiften verlangsamte sich der Prozeß im vergangenen Jahr.

   Auf dem Rauschgiftmarkt hat sich nach Angaben der Polizei 1992 nichts gebessert – weder bei der Zahl der Opfer und der Erstkonsumenten noch bei der beschlagnahmten Rauschgiftmenge. Wohl aber hat sich der sprunghafte Anstieg des Vorjahres nicht wiederholt.

Wir haben bewußt die schlechten Texte noch einmal abgedruckt. So können Sie sehen, daß die Übersetzung in ein gutes Deutsch fast zwangsläufig auch zu *kürzeren* Texten führt.

Lösung

Komplexe Sätze entwirren und anschließend transparent formulieren

Im ersten Teil der Lösung ist nur der Kern der schlimmen Sätze unterstichen; im zweiten Teil finden Sie einen Vorschlag für eine transparentere Formulierung, bei der auch allerlei Häßlichkeiten gleich mit beseitigt worden sind.

1. Bestätigt würden die den Afa-Tabellen zugrunde gelegten Werte gleichfalls durch die Ergebnisse der Rückmeldungen einer von den Spitzenverbänden in diesem Zusammenhang durchgeführten Umfrage in der gewerblichen Wirtschaft.
   Die den Afa-Tabellen zugrunde gelegten Werte werden auch durch die Ergebnisse einer Umfrage bestätigt, die die Spitzenverbände in diesem Zusammenhang in der gewerblichen Wirtschaft durchgeführt haben.

2. Versuche der Polizei, den 36jährigen, möglicherweise unter Drogeneinfluß stehenden, fanatischen Sektenführer, der sich für Jesus Christus hält, zum Aufgeben zu bewegen, versprechen Erfolg.
   Es wird der Polizei wahrscheinlich gelingen, den 36jährigen, fanatischen Sektenführer zum Aufgeben zu bewegen. Er steht möglicherweise unter Drogeneinfluß und hält sich für Jesus Christus.

3. Die südafrikanische Regierung und der größte Gewerkschaftsbund des Landes, der Congress of South African Trade Unions (Cosatu), haben eine Vereinbarung erzielt, nach der die Schutzbestimmungen des Arbeitsrechts künftig auch für Farmarbeiter gelten sollen.
   Die Regierung Südafrikas und der größte Gewerkschaftsbund des Landes, der „Congress of South African Trade Unions“ (Cosatu), haben vereinbart, daß die Schutzbestimmungen des Arbeitsrechts künftig auch für Farmarbeiter gelten sollen.

4. Konkurrenz auf dem Lagerfeld-Laufsteg (unten) machte der schönen Schiffer Cindy Crawford (li.), die mit ihrer Topfigur nicht nur Schauspieler-Gatte Richard Gere, der die Show miterlebte, bezauberte.

Auf dem Lagerfeld-Laufsteg (unten) hat die schöne Schiffer Konkurrenz bekommen: Cindy Crawford (links) bezauberte mit ihrer Top-Figur nicht nur ihren Ehemann, den Schauspieler Richard Gere, sondern das gesamte Show-Publikum.

5. Die „Einkaufsinitiative Neue Bundesländer", die Treuhand-Chefin Birgit Breuel gemeinsam mit dem ehemaligen Vorstandsvorsitzenden des Volkswagen-Konzerns, Carl H. Hahn, und dem Präsidenten des Bundesverbandes der Deutschen Industrie (BDI), Tyll Necker, ins Leben gerufen hat, legt der deutschen Industrie die Abkehr von den Grundsätzen der Marktwirtschaft nahe.

Abkehr von den Grundsätzen der Marktwirtschaft – das wird der deutschen Industrie von einer „Einkaufsinitiative Neue Bundesländer" nahegelegt. Ins Leben gerufen wurde diese Initiative von der Treuhand-Chefin Birgit Breuel, dem ehemaligen Vorstandsvorsitzenden des Volkswagen-Konzerns, Carl H. Hahn, und dem Präsidenten des Bundesverbandes der Deutschen Industrie, Tyll Necker.

6. Nun steht die ÖTV ohne echtes Drohpotential und mit einer Vorsitzenden, die sich schon wieder viel zu weit vorgewagt hat, da.

Nun steht die ÖTV ohne echtes Drohpotential da – und mit einer Vorsitzenden, die sich schon wieder viel zu weit vorgewagt hat.

7. Zwölf Tage lang sei der Betrieb in dem Theater, von dem Kritiker gerne behaupten, der Tag des Opernballs sei der einzige, an dem es keine finanziellen Verluste hinnehmen müsse, stark beeinträchtigt.

Zwölf Tage lang sei der Betrieb nun beeinträchtigt, und das in einem Theater, von dem Kritiker gerne behaupten, der Tag des Opernballs sei der einzige, der dem Haus keine Verluste bringe.

8. Da entstehen Finanzlöcher, weil es technisch unüberwindbar scheint, eine Heizkostenabrechnung über mehrere Jahre für die Orangerie aufzustellen.

   Da entstehen nur deshalb Verluste, weil es angeblich technisch nicht möglich ist, für die Orangerie eine Heizkostenabrechung über mehrere Jahre aufzustellen.

9. Immer öfter kann man sich des Eindrucks nicht erwehren, daß die Brüsseler Bürokraten ein gehöriges Maß Schuld daran tragen, daß Europa bei den Bürgern so schlecht im Kurs steht.

   Immer häufiger drängt sich der Eindruck auf, die Brüsseler Bürokraten seien nicht ganz unschuldig daran, daß Europa bei den Bürgern so schlecht im Kurs steht.

10. Da in Frankreich der Hochschulzugang einfacher ist als in anderen Ländern (zum Beispiel werden im Fach Medien alle Bewerber aufgenommen und am Ende des ersten Jahres einem Auswahlwettbewerb unterzogen), wird befürchtet, daß die in anderen Ländern abgewiesenen Bewerber, also die schlechteren Kandidaten, an die französischen Hochschulen strömen.

    Da der Hochschulzugang in ihrem Land leichter ist als anderswo (im Fach „Medien" zum Beispiel findet ein Auswahlwettbewerb erst am Ende des ersten Studienjahres statt), fürchten die Franzosen, daß die in anderen Ländern abgewiesenen Bewerber nunmehr an die französischen Hochschulen strömen.

Lösung 13

Fachjargon übersetzen

Bei den Beispielen 1 bis 4 gibt es viele Lösungsmöglichkeiten, bei Nr. 5, einer Kostprobe aus der Sprache der Juristen, nur eine.

1. Fürstin Gloria braucht Geld. Um mehr Gewinn aus ihren Wäldern zu ziehen, will sie in weiten Teilen ihres „Fürstlichen Thiergartens“ nahe Donaustauf (bei Regensburg) das Rotwild zum Abschuß freigeben.

2. Ein großer Teil der Befragten aus der Marktuntersuchung der Volksfürsorge würde sich auch gern für den Fall einer Querschnittlähmung versichern.

3. Nach den Worten seines Geschäftsführers Wolfgang Bühler will das Versandhaus Quelle weitere Tochtergesellschaften verkaufen. Mit ...

4. Da der Beruf normalerweise nicht schuld ist, wenn jemand stirbt, akzeptiert das Finanzamt die Beiträge zu einer Sterbekasse nicht als „Betriebsausgaben“.

5. Diebstahl

Sportler unter sich

Wie viele der 20 Begriffe haben Sie auf Anhieb verstanden?

☐ **Weniger als fünf?**
Sie sind wahrscheinlich eine Frau.

☐ **Mehr als fünf, aber unter zehn?**
Sie sind zwar ein Mann, aber meiden Sie Stammtische!

☐ **Zwischen 10 und 15?**
Na ja!

☐ **Alle?**
Bewerben Sie sich **sofort** bei den Haudegen vom Sport!

1. Borussia Dortmund
2. Schiedsrichter
3. Boris Becker
4. Stephane Chapuisat
5. Schalke 04
6. 1. FC Köln
7. MSV Duisburg
8. Wattenscheid 09
9. im Stadion von Kaiserslautern
10. Der 1. FC Kaiserlautern
11. die 2. Verwarnung bekommen
12. Skilaufwettbewerb
13. Kampf der Abstiegskandidaten
14. fünf Tore
15. Der 1. FC Bayern München
16. Schalke hat immer noch kein Tor geschossen
17. Stadion in Wattenscheid
18. Der 1. FC Kaiserslautern
19. Michael Schumacher
20. Dynamo Dresden

Chiffren auflösen

1. das Bundesverteidigungsministerium
2. die Bundesanstalt für Arbeit
3. das Bundesverfassungsgericht
4. die nordamerikanische Automobilindustrie
5. mit der EG-Kommission
6. der baden-württembergische Innenminister

Kennen Sie Abkürzungen?

RP	Regierungspräsident
STVO	Straßenverkehrsordnung
Birilig	Bilanzrichtliniengesetz
BGB	Bürgerliches Gesetzbuch
StGB	Strafgesetzbuch
BfA	Bundesversicherungsanstalt für Angestellte
BfG	Bank für Gemeinwirtschaft
ZVS	Zentralstelle zur Vergabe von Studienplätzen
DGB	Deutscher Gewerkschaftsbund
PLO	Palästinensische Befreiungsorganisation
IWF	Internationaler Währungsfonds
Kita	Kindertagesstätte
BGH	Bundesgerichtshof
LPG	Landwirtschaftliche Produktionsgenossenschaft (DDR-Begriff, bald wahrscheinlich obsolet)

Fremdwörtertest

Der Test war – wie Sie sicher gemerkt haben – nicht ganz ernst gemeint. Dennoch hier die richtigen Antworten:

letter of intent	schriftliche Absichtserklärung
vendetta	Blutrache
Chuzpe	tollkühne Dreistigkeit
Roadmovie	Kinofilm, der auf der Straße spielt
Pädiatrie	Kinderheilkunde
Gerontologie	Altersforschung
Mediävistik	Wissenschaft vom Mittelalter
Perestroika	Umgestaltung
Konsens	Übereinstimmung
Referee	Schiedsrichter

Die indirekte Rede

1. Ich bin krank.
   Max sagte, er sei krank

2. Wird Johanna auch eingeladen?
   Ingrid fragte, ob Johanna auch eingeladen werde.

3. Ich will dich mit meinen Eltern besuchen.
   Dorit sagte, sie wolle mich mit ihren Eltern besuchen.

4. Sie sind bei einer Operation.
   Es hieß, sie seien bei einer Operation.

5. Die Punkte sind von unterschiedlichem Gewicht; da kommt es auf die Rangordnung an.
   Der Minister sagte, die Punkte seien von unterschiedlichem Gewicht; da komme es auf die Rangordnung an.

6. Es ist Zeit zum Schlafengehen.
   Sie meinte, es sei Zeit zum Schlafengehen.

7. Bei Takt und Verständnis wird kein Partner den anderen überstimmen.
   Der Außenminister stellte fest, bei Takt und Verständnis werde kein Partner den anderen überstimmen.

8. Meine Eltern sind gestern im Kaufhaus gewesen; sie haben dort ein Fahrrad für mich gekauft.
   Jens erzählte, seine Eltern seien gestern im Kaufhaus gewesen; sie hätten dort ein Fahrrad für ihn gekauft.

9. Die Menschen wissen einfach nicht, was das Wort Kommunismus bedeutet; sie werfen es ihrem Gegner an den Kopf, wie streitsüchtige Vorstädter einander tote Katzen übern Zaun werfen.
   George Bernard Shaw hat einmal gesagt, die Menschen wüßten einfach nicht, was das Wort Kommunismus bedeutet; sie würfen es ihrem Gegner an den Kopf, wie streitsüchtige Vorstädter einander tote Katzen übern Zaun werfen.

10. Sie können einen guten Eindruck hinterlassen, indem Sie den Konjunktiv richtig gebrauchen.
    Ich sagte, er könne einen guten Eindruck hinterlassen, indem er den Konjunktiv richtig gebrauche.

11. Ich arbeite nun schon jahrelang an dem Buch, ohne daß ich je damit fertig werde.
    Sie klagte, sie arbeite nun schon jahrelang an dem Buch, ohne je damit fertig zu werden (ohne daß sie je damit fertig werde).

12. Behrens, der sie vergöttert hat, ist durch den Schlag so schwer getroffen, daß er in Wunderlichkeit verfallen ist und sich durch Selbstgespräche auffällig gemacht hat.
Es hieß, Behrens, der sie vergöttert habe, sei durch den Schlag so schwer getroffen, daß er in Wunderlichkeit verfallen sei und sich durch Selbstgespräche auffällig gemacht habe.

13. Unser Kind wäre nie zur Welt gekommen, wenn wir uns damals getrennt hätten.
Sie meint, ihr Kind wäre nie zur Welt gekommen, wenn sie sich damals getrennt hätten.

14. Ich fliege morgen nach New York.
Er sagt, er fliege morgen nach New York.

15. Der Kanzler liest den Spiegel nicht.
Er erwiderte, der Kanzler lese den Spiegel nicht.

16. Wenn das so gilt, dann gute Nacht!
Sie schloß mit der Bemerkung, wenn das so gelte, dann gute Nacht!

17. Sie kennen das Buch nicht; sonst würden Sie anders urteilen.
Er warf mir vor, ich kennte das Buch nicht; sonst würde ich anders urteilen.

18. Vielen Dank für das großzügige Geschenk; wir freuen uns sehr.
Sie bedankten sich für das großzügige Geschenk und sagten, sie freuten sich sehr.

19. Wir wohnen hier schon lange.
Er sagte, sie wohnten hier schon lange.

20. Wir gehen morgen ins Theater.
Sie sagten, sie gingen morgen ins Theater.

So vervollkommnen Sie Ihr Perfekt

So oder ähnlich, aber sicher immer im Perfekt, könnten Ihre Botschaften lauten:

1. (Hier eine traurige Nachricht:) Heute, in den frühen Morgenstunden, ist Willy Brandt gestorben.
2. Gestern hat der Bundespräsident in Dortmund die 20. Bundesgartenschau eröffnet.
3. Werner Peters ist gestern in einer Feierstunde im Rathaus vom Ministerpräsidenten mit dem Bundesverdienstkreuz ausgezeichnet worden.
4. Freitagnacht sind in der Bahnhofstraße eine Straßenbahn und ein Auto zusammengestoßen. Schuld an dem Unfall, bei dem es zwei Tote gab, war der Autofahrer: Er hatte einen Fehler beim Linksabbiegen gemacht.
5. Albert Sabin, der „Vater der Schluckimpfung", ist im Alter von 86 Jahren in Georgetown gestorben.
6. Im Saarland hat in der Nacht zum Mittwoch ein Sturm der Stärke 10 Häuser und Straßen verwüstet. Der Sachschaden wird auf 50 Millionen Mark geschätzt.
7. Bei einem Banküberfall auf die Sparkassen-Filiale Borbeck haben zwei bewaffnete Täter 2 Millionen Mark erbeutet. Die Polizei sucht nach Geld und Tätern.
8. 20 Schulklassen haben gestern zum Tag der Umwelt freiwillig den Stadtwald aufgeräumt.
9. Sehet, ich verkündige Euch große Freud:
   Euch ist heute der Heiland geboren.
   (Eines der schönsten Beispiele dafür, daß man selbst bei einer guten Nachricht nicht mit der Tür ins Haus fällt, sondern den Zuhörer vorbereitet. Leser werden nur in den seltensten Fällen vorbereitet. Etwa so: Sensation: Menschen auf dem Mond gelandet!)

Lösung 20

Die Negation verneinen? – Vorsicht!

Hier die zutreffenden Aussagen:

1. Die Deutschen sagen Nein zum Verzicht auf Einkommen.
   a. Das Einkommen soll gleich bleiben

2. Der Minister sprach sich gegen die Aufhebung des Abschiebestopps für Kurden aus.
   a. Die Kurden sollen bleiben.

3. Der Zeuge bestritt, daß er Nichtraucher sei.
   a. Der Zeuge ist nach eigener Aussage Raucher.

4. Antiluftwaffenembargogesetz
   b. Ein Gesetz für den Einsatz von Luftwaffen

5. Im Verkehrsfunk wird davor gewarnt, die Schneeketten zu vergessen.
   a. Man soll die Schneeketten mitnehmen.

Beispiel 2 (tatsächlich so im Radio gehört!) ist so tückisch, daß viele Leute behaupten werden, die Lösung sei falsch. Darum hier eine Analyse in Stufen:

die Kurden abschieben
= sie dürfen nicht bleiben
die Abschiebung stoppen
= sie dürfen doch bleiben
den Abschiebestopp aufheben
= sie müssen doch gehen
gegen die Aufhebung des Abschiebestopps sein
= sie doch bleiben lassen

Mit anderen Worten:
Der Beispielsatz ist eine Dreistigkeit.

Literaturauswahl

Literatur-auswahl

Eppler, Erhard
Kavalleriepferde beim Hornsignal
Die Krise der Politik
im Spiegel der Sprache
Frankfurt: Edition Suhrkamp 1992

Das Buch zeigt, daß Politik und Sprache sich nicht voneinander trennen lassen und macht auf die Wechselwirkung von erstarrter Sprache und hilfloser Politik aufmerksam.

Glaser, Hermann
Das öffentliche Deutsch
Frankfurt: Fischer 1972

Die „Gerechtigkeitslücke" und den „Solidarpakt" gab es zwar 1972 noch nicht; auch wurde damals noch nicht „sozialverträglich abgefedert" – dennoch ist das Buch mit seinen Beobachtungen zu den Sprachmustern von Politik und Verwaltung auch heute noch aktuell.

Glotz, Peter
Langenbucher, Wolfgang R.
Der mißachtete Leser
München: Reinhard Fischer 1993

Erstmals erschienen ist dieses Buch bereits 1970, damals bei Kiepenheuer & Witsch. Dennoch ist es aktuell wie nie. Omas Zeitung werde sterben, heißt es darin, aber nicht wegen der Konkurrenz durch das Fernsehen, sondern weil sie den Lesern das vorenthalte, was sie brauchen: objektive Informationen, die auch verständlich sind. Eine Pflichtlektüre für alle, die nicht für sich schreiben, sondern für ihr Publikum!

Hruska, Verena
Die Zeitungsnachricht
Information hat Vorrang
2. Auflage. Bonn: ZV-Verlag 1995

Ein Lehrbuch des Nachrichtenjournalismus, nicht nur für Journalistenschüler. In einem umfangreichen Sprachkapitel werden viele Sünden der Nachrichtensprache vorgeführt und mit Verbesserungsvorschlägen versehen: von A wie Abkürzungen bis Z wie Zeitenfolge.

Königstedt, Harry
Sprachtips für Journalisten
1000 „Hoppalas"
aus unseren Tageszeitungen
3 Bände.
Salzburg: Johann Oberauer
1992/93/94

Wie der Untertitel schon sagt: eine Sammlung von Fundstücken (und wie der Titel schon deutlich zeigt: aus österreichischen Zeitungen). Eine lockere Aneinanderreihung von Beispielen innerhalb dreier großer Kategorien: Stil, Grammatik und Rechtschreibung. Einige Marotten findet man in Deutschland zwar nicht; aber das macht die Sammlung nicht weniger interessant.

Pruys, Karl Hugo
Im Vorfeld wird zurückgeschossen
Wie Politiker und Medien
die deutsche Sprache verhunzen
Berlin: edition q 1994

„Die öffentliche Rede wird um so voller, je leerer sie ist." Das im Buch zitierte Bonmot von Johannes Gross könnte als Titel für dieses Buch dienen, das vor allem den Sprachgebrauch im politischen Leben Deutschlands anprangert. Das „Vorfeld" unzähliger Ereignisse gehört dazu.

Gerhard, Rudolf
Lesebuch für Schreiber
Vom journalistischen Umgang mit der Sprache
Ein Ratgeber in Beispielen
Frankfurt/Main: IMK 1993

Dieses Buch sensibilisiert nicht nur Journalisten, sondern alle, die sich schreibend ausdrücken, für einen wirkungsvollen Umgang mit der Sprache.

Schneider, Wolf
Deutsch für Profis
Wege zum guten Stil
Neuauflage.
München: Goldmann 1993

Das Buch des ehemaligen Leiters der G + J-Journalistenschule, das zuerst 1984 bei Gruner + Jahr erschienen ist und nun bereits in der 11. Auflage als Taschenbuch vorliegt, ist ein Muß für alle, die schreiben. Mit seinen zahlreichen Anleihen nicht nur in der modernen Literatur und Stilistik ist es zugleich eine Fundgrube für den Sprachschatzsammler.

Schneider, Wolf
Deutsch für Kenner
Stilkunde
Fundgrube vergnüglicher Sprachlehre
2. Auflage.
Hamburg: Stern-Buch
im Verlag Gruner + Jahr 1987

In diesem zweiten Buch von Wolf Schneider wiederholen sich zwar manche Beispiele und Ausführungen aus „Deutsch für Profis"; dennoch lohnt die Lektüre für das neu Hinzugekommene.

Schneider, Wolf
Deutsch fürs Leben
Was die Schule zu lehren vergaß
Hamburg: Rowohlt 1994

In dieser als preiswertes Taschenbuch erschienenen Stillehre hat Wolf Schneider seine Erkenntnisse zum richtigen Umgang mit der Sprache zu 50 Regeln verdichtet. Ein besonderes Vergnügen sind die zahlreichen Zitate aus historischen Stillehren, darunter wunderbare Aperçus wie das von Jean Paul: „Sprachkürze gibt Denkweite."

Schneider, Wolf
Esslinger, Detlef
Die Überschrift
Sachzwänge – Fallstricke – Versuchungen
München/Leipzig: List 1993

Wer weiß, daß der flüchtige Leser in einem Printmedium oft nicht viel mehr wahrnimmt als die Überschriften, die Fotos und eventuell einige Vorspanntexte und Bildunterschriften, der tut gut daran, sich mit diesem speziellen Sprachbuch zu befassen, das der Überschrift gewidmet ist.

Seifert, Wilfried
Vogl, Gerhard
Ein kleines Wörterbuch für den Journalisten und für alle, die viel schreiben müssen
Salzburg: Johann Oberauer 1993

Das Werk hat seinen Titel von einem Wörterbuch, das die Stichworte zu gängigen Fehlern und Marotten – in österreichischen Blättern – enthält (zum Beispiel „Paket", weil auch in Österreich so viele „geschnürt" werden), und einem kleinen, „Grammatik" benannten Teil. Eine ebenso lehrreiche wie amüsante Lektüre, auch wenn sicher für deutsche Leser nicht immer alles ganz nachvollziehbar ist.